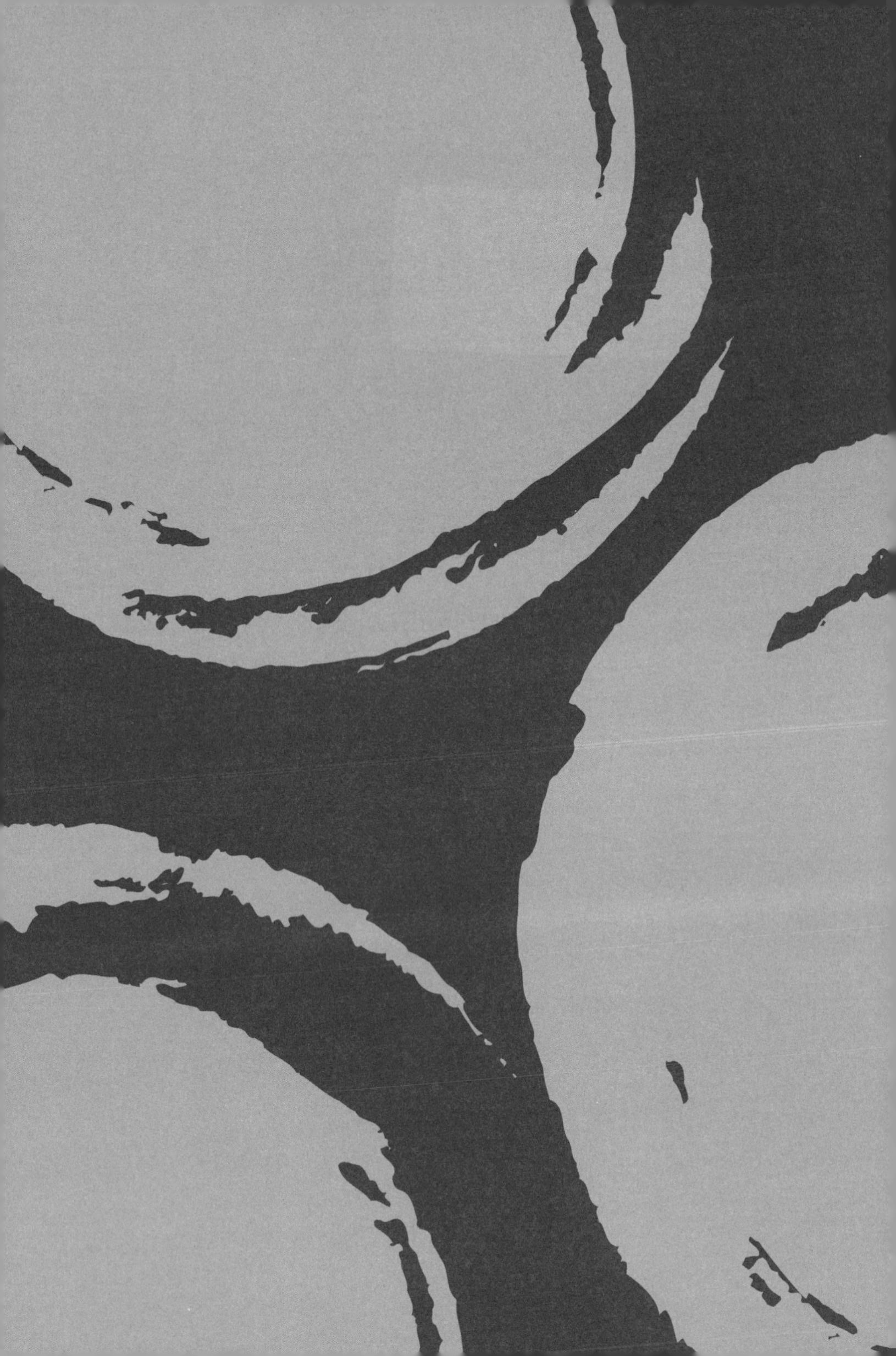

普天之下・盡是好書
普天出版家族
Popular Press Family
凌雲文創
A Plus Creative Company

活學活用 人性厚黑學

多一點心眼，才會多一分勝算

人際應用篇

莎士比亞說過一句名言：

「世界是個大舞台，每個人都要在這個舞台上演好自己的角色。」

想要在現實的社會左右逢源，就必須知道自己正在扮演什麼角色，要如何才能以最低成本獲得最高效益。

許多人在人生道路上跌跌撞撞，處處碰壁，最根本的原因並不是能力不足或不夠努力，而是欠缺良好的人際關係，無法讓自己的付出發揮最大的價值。

Thick Black Theory is a philosophical treatise written by Li Zongwu, a disgruntled politician and scholar born at the end of Qing dynasty. It was published in China in 1911, the year of the Xinhai revolution, when the Qing dynasty was overthrown.

公孫先生 編著

Be Human by Wisdom

Thick Black Theory is a philosophical treatise written by Li Zongwu, a disgruntled politician and scholar born at the end of Qing dynasty. It was published in China in 1911, the year of the Xinhai revolution, when the Qing dynasty was overthrown.

【出版序】

活學活用人脈經營智謀

人與人之間的交往，基本上就是一種交換行為，如果你想比別人早日成功，那麼，就必須設法建立一套有效的人脈經營策略，並且靈活加以運用。

•公孫先生

人脈運用專家威爾·羅傑斯曾經寫道：「平日多結交一些在關鍵時刻對你有幫助的人，因為，這些人很可能會成為你在面臨危機時刻向你伸出援手的貴人。」

的確，一個人想要成功，很多時候並不是取決於你本身擁有多少能量，而是在於面臨成敗的關鍵時刻，到底有多少「派得上用場的朋友」願意向你伸出援手。

這些「有用」，並且願意讓你「利用」的人，才是你必須用心結交，保持互利互惠的朋友。

舉凡成功的企業人士，在著手撰寫他們奮鬥的成功故事之中，都會不約而同地將他們的成功歸功於在危機時候，願意拉他們一把的人的身上。

在人際交往過程中，必須用心營造人脈網路，並在機會來臨時借助他人的力量獲取自身成功，這一點毋庸置疑也不須迴避。但是，若要使人脈發揮最大的效益，就得使彼此的合作關係建築在「雙贏」這個基礎上。以雙贏互惠爲合作基礎，不僅會令他人願意伸出援助之手，而且還有利於彼此間下一次合作。

英國政治家迪斯雷利有句名言是這麼說的：「沒有永遠的朋友，也沒有永遠的敵人，只有永遠的利益。」

不論自己與對方的情誼是多麼牢固，如果沒有一定的利益作爲保障，這條人脈往往禁不起歲月和困難的考驗。因此，對於每一個懂得善用人脈的人來說，考慮對方利益，使自己和他人獲得「雙贏」結局，是使人脈發揮最大效益的關鍵。

日本有位經營旅館的聰明商人，就根據自己旅館的實際情況，別出心裁地想出一種增加收益的好辦法，結果借助客人的幫忙達到了雙贏的目標。

當時，該旅館面臨來客日益增多，但客人休閒活動空間太小的問題。雖然旅館的後山有一大片山坡地還未開發利用，但是若要全面開發並且種植大量樹木，旅館又缺乏足夠的資金。

經過深思熟慮後，這位老闆在旅館內張貼一張海報，上面寫著：「親愛的旅客您好！本旅館後山有片土地，寬闊且幽靜，專門留作植樹的預定地，如果您有興趣，不妨至後山親手種下一棵小樹，本館會派人拍照留念，並在樹前立下木牌刻上您的大名與植樹日期。如果您再度光臨時，這棵樹苗已枝繁葉茂，您看到一定會非常高興，因為它是您親手種植的，紀念性非凡。本旅館僅收樹苗費用日幣二千元。」

這張海報一貼出，許多到旅館度蜜月或結婚週年紀念的夫妻，或畢業結伴前來旅遊的學生，莫不躍躍欲試，每個人都想親手種下一棵屬於自己的樹作為永久紀念。

於是，還不到半年的時間裡，旅館的後山上便種滿樹木。許多旅客回家後還對此事廣為宣傳，很多人此後還不忘常常回來看看自己的傑作，這使該旅館的生意日益興旺，並帶動該地區旅遊事業的發展。

這位老闆之所以成功，就是因爲他採用了雙贏的辦法，使自己借助遊客之力改善後山環境，遊客也從植樹中得到快樂和溫馨的記憶，主客雙方各取所需，自然能使這項計劃順利實施。

人脈經營術也是如此，彼此在互惠互利的基礎上創造雙贏的成果。

社會交換理論創始人喬治·霍曼斯教授曾經寫道：「所謂的『朋友』，就是遇到困難的時候，可以『互相利用』，為彼此解決問題的人。」

想要出人頭地，除了靠自身的實力和努力之外，別人願不願意適時推助一把，往往扮演著決定性作用。如果你想比別人早日成功，那麼，就必須設法建立一套有效的人脈經營策略，並且靈活加以運用。

喬治·霍曼斯教授認爲，人與人之間的交往，基本上就是一種交換行爲，除了情感、精神層次的交流之外，同時也涵蓋利益交換與物質層面的交換，唯有保持互惠互利關係，彼此的情誼才會持久。

《三國演義》中，蜀漢街亭失守時，不得不倉促退兵，但趙雲卻「獨自斷後，斬將立功，敵人驚怕」，使部下不損一人一騎，輜重糧草等物也無損失。因此，深諳用人之道的諸葛亮不僅「取金五十斤以贈趙雲，又取絹一萬匹賞其部卒」，還贊許趙雲為「真將軍」，使趙雲既從物質上也從精神上得到滿足。

這是因為諸葛亮懂得，即使如趙雲一樣忠心耿耿的部將，同樣也需要來自物質和精神這兩個層次的利益刺激。

在經濟繁榮的今天，人與人之間的交往更強化了利益交換的特質。要想使自身利益獲得最大化，就必須懂得共贏共利的道理，以便獲取更長遠、更重大的利益。

在社會學領域，將「我贏你輸」(1+(－1)＝0)的人際交往稱爲「零和博弈」，因爲博弈雙方的利益正好互相抵消。

但是，研究證明，在人際交往頻繁的現代社會中，大量存在的是「非零和博弈」人際交往。最理想的狀況是「你贏我也贏」，最糟糕則是「你要佔便宜，我也要佔便宜，結果兩個人都吃虧」的結局。

雙贏原則體現在社交利益關係當中，就是互惠互利。

一位醉心戲劇的男子，不顧親朋好友反對，毅然選擇在一處不熱鬧的市區興建一所藝術水準頗高的劇場。經過鍥而不捨的努力，劇場獲得成功，同時附近的餐館一家接一家地開設，百貨商店和咖啡廳也紛紛跟進。沒有幾年，那個地區竟然發展得非常繁榮。

可是，隨著周邊房地產業的繁榮，男子的妻子越來越羨慕那些商業機構賺錢的速度，對丈夫說：「你看看我們的鄰居，只在一小塊地上蓋一棟樓，就能收那麼多租金，但是你用這麼大的土地，卻只有一點劇場的收入，豈不是太吃虧了嗎？我認為，我們應該將劇場改建為商業大廈分租出去，這樣一來，單單租金就比劇場的收入多了好幾倍呢！」

這名男子禁不住妻子一再勸說，於是決定關閉劇場，並且貸得鉅款改建商業大樓。誰知，大樓還沒有竣工，鄰近的餐飲百貨店卻紛紛遷走，導致房價下跌，繁榮的景象消失無蹤。更可怕的是，當他與鄰居相遇時，人們不但不像以前那樣對他熱情奉承，反而露出冷漠的眼光。

這時，男子終於明白了，是他的劇場為附近帶來繁榮，也是繁榮改變他的價值觀，更由於他的改變，又使當地失去繁華。

這名男子的失敗正是由於他沒有認識到劇場與商店、他和其他商家之間，是互相依存的關係。當這個地區沒有文化場所卻只有商業機構，就喪失吸引遊客的來源。本來想與他人爭利，結果卻導致大家都賺不了錢。

其實，不只在生意上的經營是如此，人脈經營也是如此。如果雙方都堅持自己的利益至上，忽略他人的利益，最常見的結果就是雙方皆輸。唯有保持互惠互利的關係，彼此間的友誼才會長久、穩固。

在競爭激烈的現實社會，良好的人際關係，通常是排除各種障礙，順利邁向成功的最重要助力。但是，拓展人際關係網，並不是盲目地交際應酬，而是在各種交際圈裡找對適當的人，用心經營彼此的關係，彼此「相惠互利」，達到雙贏的目的。

02. 用正確態度維護人際網路

人際網路建築在互惠互利的基礎上，只要能跟朋友們彼此互利合作而不是互相爭鬥，就能在事業這條路走得更快、更遠，也唯有基於互利原則上的友誼，才會長長久久。

03. 清除人脈中的地雷

在人際交往中，保持心胸開闊非常重要，畢竟沒有人永遠不會在言語和行為上犯錯，對別人無意間造成的過錯應充分諒解，不必計較無關大局的小事。

04. 態度誠懇，才能贏人信任

求人幫助時，如果遭到對方嚴詞拒絕，千萬不要輕言放棄，要用鍥而不捨的誠意感化對方。這麼一來，即使是脾氣再傲的人，也會被說服。

05. 分析好壞處，說服對方出手相助

人與人之間的利益糾葛太複雜，尤其在商場上更是如此，所以有時很難用求情、喚醒對方同情心的方式得到實質幫助，反倒是用「以利害明之」的手段，更容易說服對方。

06. 與其單打獨鬥，不如結合盟友

單打獨鬥闖天下是過時的做法，應當互助合作，結合成利益共同體，才能以最小的產出換取最大的回報。

07. 合作可以讓你走得更久

誠懇地對待別人，分享彼此各方面的成果，是人際交往的基本原則。但是，如何誠懇邀請別人分享，又如何與對方合作，無疑是一門必修的學問。

08. 態度決定你能不能獲得賞識

表達自己的熱情與計劃時，要掌握分寸，儘量用有禮委婉的方式與態度呈述意見，如此更能使自己的想法被採納，進而獲得上司的賞識與重用。

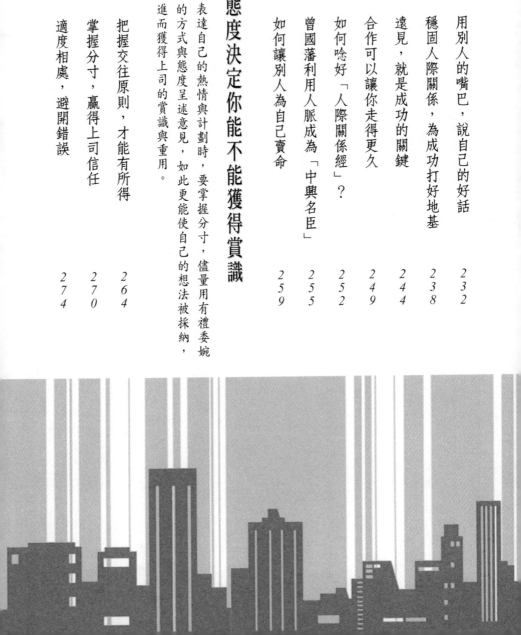

09. 借力使力，培養良好情誼

如果只考慮自己而不顧及他人，不但造成工作效率降低，也會使同事感到不愉快。為了保持同事間和諧的氣氛，必須顧及每個同事的不同立場。

10. 考量對方利益，建立良好關係

要借助他人之力獲取成功，就要使雙方合作達到雙贏的局面，就要懂得站在對方的角度為他著想。唯有如此，彼此才能常保互惠互利的良好關係。

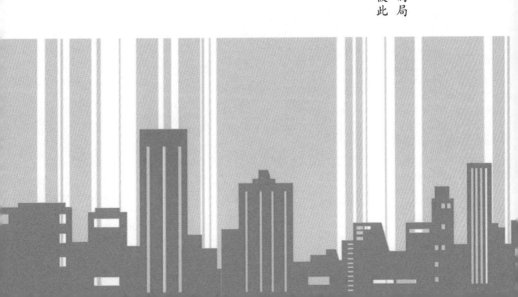

01

人際關係就是邁向成功的階梯

根據自己的需要，在以後的人際交往活動中主動出擊，

經過一段時間後，一個有效的人脈網路便會呈現在眼前。

建立互惠互利的人際關係

編織自己的人際網路時，一定要選擇對自己有幫助的對象，這個「幫助」不管是心靈上的精神支持，還是生活中實質上的幫助，都能助人順利度過難關。

俄國文豪列夫・托爾斯泰曾說：「人際關係是你在社會上的一種無形資本，如果你想要成功，就不得不使用它。」

什麼是朋友？

朋友其實是個相當空泛的名詞，眞正的朋友就是當你需要的時候，願意適時伸出援手拉你一把，或是肯心甘情願地被你「利用」的人。

這樣的說法雖然有些功利取向，但不可否認的，卻是在競爭激烈的現實社會，必須認清的人脈經營法則。

「利用朋友」並不是什麼壞事，只要不是心存歹念，能夠「禮尚往來」，無疑能達到互惠的效果。每個人都有幾個不同的交際圈，想要出人頭地，想要闖出一番成就，就必須有效地整合這些人脈，並且妥善運用這些資源。

有一則動物寓言說，某一天，一隻老青蛙遇見了一隻老蜘蛛，不禁大吐苦水說：「我自蝌蚪時代開始便辛苦工作，沒有一天敢懈怠，每天都得汗流浹背地工作後才能求得溫飽。但是我現在老了，快跳不動了，等待我的命運只有饑餓而死。可是，我從來沒見你努力工作過，一天到晚只是靜靜地伏在角落裡，卻不愁吃喝，因為總有自投羅網者成為你的美食。唉！老天爺可真是不公平啊！」

老蜘蛛聽完青蛙的抱怨，回答說：「你說我沒努力工作這就不正確了。想當初我剛剛離家獨立時，每天都要忍著饑餓，日復一日地吐絲結網，好不容易生活才穩定下來。即使是現在，我仍要隨時修復網上出現的漏洞，才能確保它發揮效用。你之所以生活艱辛、老而無依，是因為你只靠四條腿討生活，一旦四條腿跳不動了，生活就沒有著落。但我是靠一張網求溫飽，這張網不會因我年老就衰竭。所以，我雖然和你一樣上了年紀，但仍然衣食無憂。如果我也像你一樣，靠我這幾條纖細的腿討生活，我的處境恐怕會比你悲慘百倍以上啊！」

看完這則預言故事，相信每個人都想當不愁吃穿的蜘蛛。但不幸的是，現實生活中許多人都像青蛙一樣，一輩子只靠自己的一雙手、兩隻腳努力奮鬥，卻不知道耐心編織一張屬於自己的「網」。

這張「網」是什麼？

它就是所謂的人際關係網。

妥善編織自己的人際關際網，可以不斷延伸自己的人脈，幫助自己更快成功。

一個人的力量可以分爲兩部分，即本能力量和外延力量。本能力量指一個人天生就擁有的力量，是不憑藉任何外物的力量。外延力量則是人利用智慧，借助外物獲得的力量。

人若只依靠自己的本能力量，根本敵不過獅子、老虎等猛獸的力量與速度，但一旦善用外延力量，卻可以將獅子、老虎關在籠子裡。

在上面那則預言故事中，老蜘蛛編織的網，便是外延力量的展現。那麼人呢？

織一張漁網，可以捕魚；織一張資訊網，可以獲得各處的消息，可以足不出戶就知天下事；織一張人際關係網，可以完成個人力量無法完成的事業。

一個人的外延力量，主要來自於他的人際關係網，這張人際關係網，也就是我們常說的「人脈」。寬廣厚實的人脈資源是邁向成功的基礎，因而每個人都應該從踏入社會的那一刻起，便精心編織屬於自己的人脈網路，並且在增強自身能力的同時，妥善加以運用。

以自己爲中心，家人、親戚、朋友、同事、上司、下屬……我們每時每刻接觸到的人，既與自己有親疏不同的關係，同時他們之間也透過各種途徑互相聯繫，使得這些交叉點再逐漸向四周擴大，最終就構成了龐大複雜的人脈網路。

人脈網路一旦形成，當成功的機會來臨時，就可以使自己的努力達到事半功倍的效果，又可以順著人脈挖出金脈。

上天給了我們生命，使我們來到這個多姿多彩又紛繁複雜的世界上。自我們呱呱墜地、睜開好奇的雙眼開始，最先接觸到的是父母、手足與親戚，這些血緣關係從誕生那一刻起便將伴隨人們終生，是人們無法選擇的。然而，當人們接觸的世界越來越大、接觸對象越來越多時，就應開始愼選構成自己人際網路的對象，發揮互惠互利最大效用。

當你在成功的道路上遇到障礙的時候，良好的人際關係，通常就是幫你排除各種障礙，讓你順利邁向成功的最重要助力。

調整好自己的心態，建立充分的自信，客觀審視自己，爲未來進行系統性的規劃，學會與人相處之道，並且廣泛地建立自己的人脈，有助於自己把握機會，得到肯定與提升。

由不同的群組組成的人脈網路，產生的能量大小自然不同，達成的效益也大不相同。如果一個人的人脈網路中有很多知心的親密朋友，遇到困難或挫折時能夠傾心相助，這樣一個人脈網路，當然遠比那些僅僅由酒肉朋友與勢利小人組成的人脈網路，更加有實質幫助與效用。

是否選擇良好的交往對象，無疑將決定一個人的人脈網路編織成功與否，並會進一步影響他今後的人生。

所以，在展開社交活動並編織自己的人際網路時，一定要選擇對自己有幫助的對象，這些「幫助」不管是心靈上的精神支持，還是生活中實際上的幫助，都能助人順利度過難關，並到達成功的彼岸。

借用別人的才智，彌補自己的不足

志向遠大、滿懷理想的企業領導者，絕對必須善加學習「借人術」，好用眾人的才智彌補自己思慮上的不足，更用眾人的才智創造出自己的商業王國。

每個人的生命都有限，想單憑個人有限的生命追尋遠大的目標，簡直是活在山頂洞人時代。

在資訊大爆炸的當代社會，科技日新月異，各類資訊從各種管道撲面而來，令人應接不暇，面對日常生活中的奮鬥競爭時，更加會感到個人智慧的微不足道，不禁經常會有「腦袋不夠用」的感歎。活在現代社會，唯有借助他人的腦袋，集思廣益，才會取得「一加一大於二」的成果。

自古以來，借助他人的智力、才華、資源爲己所用，是各領域成功人士奉行的不二法門。古代的帝王將相身邊，總聚集著一些智士謀臣；現代的商業鉅子底下，也往往聘用許多學者教授當顧問和智囊。

從前，漢高祖劉邦手下有蕭何、張良、陳平三位善於出謀劃策的輔臣，因而能擊敗西楚霸王項羽，一統天下。又如三國時代，曹操廣納賢才，麾下有荀彧、荀攸、郭嘉、賈詡四大謀士，所以才能戰勝群雄並平定北方。

至於在現代商戰領域裡，軟體業的巨頭美國微軟公司始終傲視群雄，佔據著霸主地位。許多專家學者從各個角度和層面分析微軟的成功方程式，結果發現，使微軟成功的其中一個重要因素是，微軟公司的人才優勢和智囊深度確保了它處於時代尖端。

由此可見，善用他人腦袋的高明「借術」，幫助比爾．蓋茲創造了空前龐大的電腦王國與鉅額財富。要想達到這個目標，單靠比爾．蓋茲一人絕對無法成功，所以他集合了一大批在資訊技術領域內能夠獨當一面的頂尖人才。

無可否認的，在席捲全球的新技術革命洶湧澎湃而來時，正是這些傑出的智囊人物幫助微軟公司在長期的發展過程中不斷領先、獨領風騷。

由微軟公司的成功例子，可以明瞭善用人才能爲自己帶來多大的幫助。所以，志向遠大、滿懷理想的人，絕對必須善加學習「借術」，用衆人的才智彌補自己思慮上的不足，更用衆人的才智創造出自己的財富。

著名的美國社會心理學家馬斯洛，曾經提出有關人類需求層次的理論。該理論認爲，人類的需求從低到高可以分爲五個層次，即生理需求、安全需求、社會需求、尊重需求和自我實現需求。而且，人們在現實生活中，總是要先滿足了最低層次的生理需求，然後才能追求更高層次的需求。

除了生理需求以外，其他四種需求都與人的精神和情感有直接關係，人際交往正是滿足人類社會需求、尊重需求和自我實現需求的必要途徑。透過人際交往，個人可以進行自我認識、尋找群體歸屬感並進行情感溝通，從中獲得巨大的精神力量。在這種精神力量的支援下，人類往往能迸發出難以想像的巨大潛力。

所以，當人心灰意懶之時，朋友的鼓勵是使人奮發再起的動力；在面對困境之時，適時的援手是使人克服難關的精神支柱；在迷惑徬徨之際，及時的指點是引領人走出歧路的明燈。

如果能了解這點，那麼在現實生活中遇到問題的情況下，適當而巧妙地借助他人之力，往往能取得出人意料的良好效果。

不論在戰場還是商場上，戰士或員工士氣的高低，都是影響最終結果的決定性因素。「兩軍相逢勇者勝」，士氣高漲的一方往往能夠取得勝利。

例如，北宋皇佑年間，嶺南邊境廣西的源州，爆發了以儂智高為首的反宋叛亂，叛軍並攻陷了邕州、橫州。由於地方州府毫無防備，叛軍很快便佔領了嶺南的大片土地，並進一步圍困廣州。

北宋朝廷決定出兵討伐嶺南的叛亂勢力。在對西夏戰爭中屢建奇功的大將狄青則被任命為樞密副使，負責籌劃征南戰事。

當狄青來到前線桂州（今桂林）的時候，發現此時作戰雙方的士氣相差極為懸殊。

叛軍挾連戰連勝之餘威，大有蕩平兩廣、鯨吞荊湖的氣勢，但宋軍由於被數次戰敗的陰影籠罩，不但軍中士氣低迷，還對叛軍懷有極大的恐懼感。

為了扭轉這種不利情況，足智多謀的狄青想了一個辦法。當時桂州城南有一座廟宇，當地的土著和許多軍人都十分信奉廟中神明。於是，誓師出征之前，狄青率領下屬來到廟中，向神靈跪拜祈禱，然後叫親兵拿出一百枚銅錢，再當眾向神禱告說：「如果神靈接受了我的禱告，保佑此次征討叛軍能夠獲勝，請顯靈使百枚銅錢撒出去後，全部字面都朝上。」

聽完狄青的禱詞，同行的下屬們全都大吃一驚，認為絕無百枚銅錢字面都朝上之理，心想狄青這樣做只會動搖軍心，降低本來就不高的士氣，於是紛紛勸阻。但狄青不為所動，毅然將銅錢撒出。沒想到，落在地上的一百枚銅錢，竟然全是字面朝上。

旁觀的士兵和百姓一時之間歡聲雷動，都認為此次南征有神靈相助，定能戰勝叛軍，於是全軍士氣得到極大的鼓舞。隨後的戰爭中，士氣高漲的宋軍果然連戰連勝，最終平定了叛亂。

其實，當時狄青用的是一種特製的銅錢，兩面都是字，所以無論如何錢幣都會呈現字面朝上。

狄青使用了這樣一個小小詐術，巧妙借助士兵對神靈的信仰，激發了全軍的精神力量，又進一步借助士兵的精神力量戰勝了氣焰囂張的敵人。這就是借助精神力量的強大效用。

透過上面這個故事，可以瞭解「借術」的神奇效力。巧妙地借助他人之力，能讓自己的努力事半功倍，能夠完成自己獨自一人無法完成的事業。古今中外各領域的成功者，無不深諳「借術」，使自己憑藉眾人之力，攀上成功的巔峰。

知己是最重要的人脈關係

知己型的朋友是與人心靈距離最近、關係最密切的朋友，也是邁向成功之時最重要、最可靠的人脈。

不管什麼類型的競爭場合，每天都在上演著優勝劣敗的殘酷淘汰。不要在自怨自艾中走向失敗，而要積極樂觀地尋找可以幫助自己成功的人脈。

或許，我們無法改變現實的競爭環境，但可以選擇和控制自己的態度，學習社會生存法則，借用自己的人脈網絡，智慧且從容地面對競爭。

構築人際網路時，必須慎選對象，但是在選擇對象之前，當然得先明瞭各類型不同對象的特點。

劃分的標準不同，朋友的類型也就不同。一般來說，較普遍的劃分方式是按照

對方與自己關係的密切程度劃分，可以分爲知己型、親密型、一般型三大類朋友。

顧名思義，「知己」是相互之間最爲瞭解，性情愛好最相投，友誼十分深厚的朋友。這類朋友最能心甘情願讓你利用。

歷史上，最經典的知己之交是春秋時代齊國管仲和鮑叔牙之間的友誼。

管仲和鮑叔牙年少時便是好友，管仲家裡很窮，常靠鮑叔牙周濟。有一回，管仲和鮑叔牙一起做買賣，每當生意結束兩人分錢時，管仲常常以欺詐的方式把錢多分給自己，鮑叔牙知道後卻不以為意。

多年以後，齊國內亂，兩人分別輔佐不同的國君繼承人出奔他國。

管仲輔佐公子糾，鮑叔牙跟隨公子小白，各為其主的現實迫使雙方不得不暫時將友誼放在一旁。

在趕回齊國登基繼位的戰爭中，公子糾與公子小白狹路相逢，管仲一箭射中了公子小白腰帶上的鉤子。公子小白靠著裝死才躲過管仲的截殺，並趁公子糾鬆懈之機早一步潛回國都即位，成為後來春秋五霸之首的齊桓公。

不久，齊桓公威嚇魯國殺死公子糾，管仲成為階下囚時，齊桓公想殺掉管仲以報一箭之仇，可是鮑叔牙勸他：「大王若想只治理一個齊國，那麼有我鮑叔牙就夠了。可是若大王想成為中原的霸主，卻非管仲不可。」

齊桓公於是將管仲迎回齊國，並且拜他為相，最終成為一代霸主。

管仲曾經說過：「我當初窮困的時候跟鮑叔牙一起做買賣，分錢時給自己多，給鮑叔牙少，但鮑叔牙不認爲我貪財，知道是我家裡窮的緣故。我曾經爲鮑叔牙工作卻遭到失敗，他不認爲我愚笨，知道時勢有利與不利的差別。我曾經三次出仕卻三次被罷官，但鮑叔牙不認爲我不成器，他知道我只是時運未到。我曾經三次打仗的時候向後方逃跑，鮑叔牙卻不認爲我膽小怕死，他知道我家有老母要照顧，所得留下性命盡孝。公子糾戰敗後，跟隨他的大臣裡有人以死相殉，我卻苟且偷生、被囚受辱，但鮑叔牙不認爲我無恥，他知道我不計小節而恥功名不顯於天下。眞是生我者父母，知我者鮑叔也！」

由此可見，知己型的朋友是與人心靈距離最近、關係最密切的朋友，也是邁向成功之時最重要、最可靠的人脈。

在你事業成功的時候，知己型朋友會與你一起分享成功的喜悅；在你失意徬徨的時候，他會緊緊站在身邊給予鼓勵與支援；當你得意忘形、驕傲自滿的時候，他會毫不客氣地指出錯誤、坦誠相告；在你遭遇重大困難的時候，他也會兩肋插刀，義無反顧地提供最大幫助。

很顯然的，朋友好找，知己難尋，所以，如果你的身邊有了知己型朋友，那實在值得慶賀，因爲知己型朋友是人一生中最值得珍惜的寶貴財富。

讓自己的人脈網路越來越牢固

規劃維持並加深與現有一般朋友之間的友誼，並且主動擴大數量與交友範圍，只有這樣，人脈的網路才會越來越寬廣，派得上用場的朋友才會越來越多。

就親疏關係而言，親密型朋友的關係和密切程度僅次於知己型朋友，和知己型朋友之間，僅在「瞭解程度」上有所差別而已。親密型朋友與你交往的頻率可能最多，對你的影響也不容忽視。

親密型朋友常是爲了同一個事業目標奮鬥的夥伴，或是擁有共同興趣的同好。

美國著名心理學教授保羅·賴特這麼說：「在親密的友誼中，兩人的生活是密切的，猶如在婚姻中一樣。親密的好友會在一起度過閒暇時光，你對他的一切都感興趣。與他在一起，你不用隱瞞什麼，可以不拘小節。」

魏晉時期，有七位在文學藝術上表現非常傑出的士人彼此交好，常常聚會遊玩，一起飲酒賦詩，稱之為「竹林七賢」。嵇康、阮籍、山濤便是其中三位。

有一次，這些人到山濤家中做客，山濤的妻子隔著簾子偷聽他們談話。事後，她對山濤說：「在這些朋友裡面，你還是與嵇康、阮籍的交情最好啊！」

山濤認為她說得不錯，他和嵇康、阮籍確實是非常親密的朋友，他們對文學和音樂有共同的愛好，還時常徹夜長談。

但遺憾的是，嵇康和山濤之間的親密友誼還是未能成為知己之交。

那個時代，正是司馬氏篡奪曹魏政權的時候，政治情勢十分緊張，許多文人因為得罪了司馬氏而被貶官、斬殺。竹林七賢都是當時十分有名望的士人，司馬氏為了籠絡人心，希望他們都能到他麾下當官。

在政治壓力和名利誘惑下，竹林七賢的友情面臨了重大考驗。最後，山濤屈服於司馬氏政權而出任一個不小的官職，並在不久後獲得升遷。升官後的山濤向司馬氏政權推薦由嵇康頂替自己原來的官職。

但是，稽康性情孤高，而且一直對司馬氏標榜仁義道德卻行篡逆之事心懷不滿，知道此事以後，既氣憤又難過，寫下了千古名篇〈與山巨源絕交書〉。

在這篇文章中，嵇康感歎道：「我原來以為山濤你是瞭解我的，看來事實上並非如此！你自己升了官，卻推薦我頂替你原來的官職，這不就好像屠宰牲畜的屠夫，卻將手中刀匕遞給祭神的巫師，要讓別人的手也沾上腥羶嗎？」

顯然，嵇康這種個性過於偏激，最終也為自己招來殺身之禍。因為這篇文章中的若干語句觸犯了司馬氏政權的忌諱，所以在小人告發下，嵇康被捕入獄，最後以「害時亂教」的罪名被斬首。

幸好在行刑前，嵇康最後還是原諒了山濤，因為他對前來送別的兒子說：「有山巨源在，你還不算孤獨啊！」

由山濤和嵇康的故事可知，親密型朋友之間雖然友情也十分深厚，但尚不能完全相知。

一般來說，親密型朋友的數量要比知己型朋友多，而且除非出現重大的利益衝突，親密型朋友之間的友誼多半相當牢固。

因此，在人脈網路上，親密型朋友同樣十分重要，若能確實把握，能替自己帶來許多幫助。

至於一般型朋友，就是和自己關係普通的朋友，一個人大多數的友人應該都屬於這種類型。雖然一般型朋友沒有知己型朋友和親密型朋友那樣與你關係密切，友誼也不是十分深厚，但他們數量最多，在社會階層上分佈最廣。

一般型朋友也許不會爲交情不深的人赴湯蹈火、兩肋插刀，但他們同樣能在一些並不需要付出重大代價的場合中，給予人實際上或精神上的幫助。

因此，有規劃、有步驟地維持並加深與現有一般朋友之間的友誼，並且主動擴大一般型朋友的數量與範圍，也是一個人社交活動中的重要部份。

只有這樣，人脈的網路才會越來越寬廣，關鍵時刻派得上用場的朋友才會越來越多。

認清「熟人」的三大功能

資訊型朋友會對工作與事業產生重大影響。在人際交往中，必須努力維持自己與資訊型朋友之間的友誼。

一個人的朋友類型，可以依照彼此間的親疏關係分爲知己型、親密型與一般型朋友。不過，在這種分類中，「熟人」在一個人的交友圈當中，屬於較特殊的類型，有必要另行界定。

熟人這個概念有著廣泛的意義。在日常生活中，我們常常聽到或者說出這樣的話：「我有一個熟人在某公司」、「這個負責人跟我很熟」……等等。

換言之，熟人有可能是與自己關係非常親密的朋友，也可能是與自己關係一般的朋友，甚至僅僅是經常見面但彼此並不怎麼瞭解的人而已。因此，熟人並不能確切地分類爲哪一種類型，只能是一個特殊的概念。

但無可否認的，熟人也是人脈網路中一個重要的組成部分。

因此，另一種劃分人脈的辦法，是按照一個人對朋友的需求和功能分類，將朋友分爲利害型、情感型和資訊型三大類。

●利害型

現代社會中，衡量人與事的一個重要標準，往往是與自我切身利益的相關性。一件事到底該做還是不做？或者該做到什麼程度？一個人應不應該交往？交往要以何爲尺度？面對這些問題，我們多半用自身的利害來衡量尺度與標準。

無可否認，這種實用主義的觀點正主導著現代人的人際交往關係。因而與我們往來最頻繁的朋友，可能是自己的上司、同事或下屬，也可能是其他能對自己事業產生重大影響的人。這種類型朋友的雙重身分，往往直接影響一個人的學習或工作狀態，甚至是事業成功與否。

以功利的角度衡量一個人的人際關係，利害型朋友是人際交往中最重要的一個部分。就算不從功利的角度衡量一個人的人際關係，也無法否認，利害型朋友確實會對人的生活與工作，帶來極大實質上的幫助。

●情感型

在人際交往中，和別人交朋友不一定與自身利益有關，可能只是單純地出於情感上的需要。或者是想聊天解悶，共同遊戲、娛樂，或者是尋求心靈上的安慰和他人的認可，或者是尋求志趣相投的同好與夥伴。出於以上這些目的而交往的朋友，一般可以看成是情感型的朋友。

另外，在日常生活中，人們在各種娛樂活動中結識的朋友，如牌友、球友、釣友……等等，也是屬於這種類型。

情感型的朋友之間由於沒有或較少利害衝突，所以更容易互吐肺腑之言，並成爲密友和知己，而且這種友誼往往也比較持久和牢固。

●資訊型

社會上有一些人從事新聞、資訊產業工作，或是某個領域的專家學者、權威人士，對社會上的最新資訊比較敏感，消息比較靈通，常成為資訊傳播中重要的一環。這種人在傳播學上稱為「輿論領袖」。

各種不同群體中都有輿論領袖存在。比如在一間公司裡，總有幾個人能從部門主管或領導者那裡，得到一些「內部消息」或「第一手資料」，同事們往往把他們看作是資訊的來源。

這一類朋友就是資訊型朋友。

在現代社會裡，資訊往往意味著機會和成功。例如，人事升遷多半撲朔迷離，也許一個不起眼的資訊便可以改變一個職位的任命，若是能從資訊型朋友那裡提早得到消息，就能及早做準備。

資訊型朋友雖然與你的交情並不深厚，但由於他們會對自己的工作與事業產生重大影響，所以在人際交往中，必須努力維持自己與資訊型朋友之間的友誼。畢竟，這類朋友經常在人脈網路中，扮演著決定勝負的「奇兵」角色，絕不可忽視他們的重要性。

人際關係就是邁向成功的階梯

根據自己的需要，在以後的人際交往活動中主動出擊，經過一段時間後，一個有效的人脈網路便會呈現在眼前。

大家都知道，人際關係處理得好，有利於自己更快有所成就，因此立志出人頭地的人，必須勤加學習處理人際關係的技巧。

人際關係就是邁向成功的階梯，從現在開始，你必須改變原有的交際觀念和方式，重建有效的人際網路，為自己的人生開拓新局面。

瞭解了不同朋友類型所代表的意義之後，應該仔細思考一下，目前自己人脈網路中的朋友們都是什麼類型，還有自己眞正需要的又是哪種類型的朋友。如此才能讓自己的人脈增值，發揮更強大的效用。

許多人結交朋友之時，並沒有擇人而交的明確意識，只是隨著生活環境的不同和緣分的聚合，隨機並偶然地結交朋友，或者只是單憑自己的好惡，對交往對象進行取捨。

這樣做雖然很輕鬆，但實質上卻是盲目的。因爲，這樣做會失去許多對自己有幫助的朋友。

宋代大文豪蘇東坡的父親蘇洵也是一名文學家，名列唐宋八大家之一，但蘇洵年輕時卻是一位有名的浪蕩公子，平日不學無術，總是與一些紈褲子弟來往，整天騎馬、踢鞠、玩鳥、遊山玩水，虛度了大好光陰。

直到二十七歲的時候，由於他的哥哥在科舉考試中考中進士，而且他的妻子不斷鼓勵他奮發進取，蘇洵才改變了從前的生活態度。

從此以後，蘇洵毅然斷絕了和那些酒肉朋友之間的往來，轉而埋頭苦讀，還刻意結交一些文壇上的名士和朝廷中的大臣，如韓琦、歐陽修等，並在與他們來往的過程中，不斷聽取這些成功人士的經驗與教誨。

兩年後，蘇洵考中進士，並且在十年後成為文壇上的一顆明星。根據《宋史》記載，蘇洵「下筆頃刻千言」，他寫的文章「士大夫爭傳之，一時學者競效蘇氏」。於是，後來《三字經》上便有了「蘇老泉，二十七，始發憤，讀書籍」的詞句。

蘇洵的成功經歷便是一個選擇性地進行交友的成功例子。

那麼，一個人的人脈網路上到底需要哪些朋友呢？

這就要看你追求的目標到底是什麼。

如果身爲一名商人，希望在商場上取得卓越的成就，那麼，除了在商界裡擁有一定數量的朋友之外，還要在與商界關係密切的政府主管部門、大眾媒體等圈子裡，擁有可靠的朋友，這樣才能保證事業長盛不衰。

如果希望成爲某個領域的學者，當然就要與學術圈的朋友們保持切而穩固的友誼。就某種意義而言，你的人脈網路也就是你的事業網路，朋友也就是你邁向成功的階梯。

在進行有目的地交友之前，應該先搞清楚自身狀況，像是自己的職業是什麼，愛好是什麼，經濟狀況如何，社會地位如何，以及自己的人生目標是什麼。

弄清這些關鍵問題之後，就能得知自己的定位，然後才能結合自己的實際需要，進一步組織和管理人脈網路。

對於剛剛踏入社會，原本朋友比較少、比較單純的人來說，重新建立人脈網路相對比較容易。但對那些踏入社會多年，原來就有很多朋友和交往關係的人來說，原有的人脈網路自然無法捨棄，所以與其重新建立人際網路，不如重新審視，進行一些調整。

如果經過審視後，覺得自己原有的人脈網路雜亂無章，那麼可以遵照以下辦法列出一個清晰的表格：

姓名	職業	社會地位	經濟狀況	親疏關係	朋友類型	人品
王五	公務員	中	小康	親密	情感型	好
李四	記者	中	小康	一般	資訊型	一般
張三	工程師	高	富有	一般	利害型	一般

根據上述格式，將朋友的類型一一列出，另外還可以根據自己的需要，增添諸如「聯繫方式」、「興趣和愛好」……等等補充說明。這樣，自然會對自己的人脈關係更加瞭解，更有效管理。

在這個基礎上，可以進行分析，像是：哪些朋友對自己的事業有益？哪些朋友應該是人脈網路中的關鍵環節？哪些人與自己的關係非比尋常，應該長期來往？哪些人的人品較差，不能作爲長期來往的對象？又有哪些人對自己來說非常重要，但彼此間的關係還需要進一步加強？

經過這些分析，應該會對自己人脈網路的優勢和不足有整體的瞭解。然後，根據自己的實際需要，在以後的人際交往活動中主動出擊，或是結交新朋友，或是鞏固自己與老朋友的關係，或是加強、改善與某些人的關係等等。經過一段時間後，一個有效的全新人脈網路便會呈現在眼前。

借用他人之力，達成自己的目的

借用他人之力達成自己的目的，應該以雙方的利益為著眼點，愛惜並合理使用，最好能使「借人」的結果達到雙贏的局面。

無可否認的，良好的人際關係就是成功的助力，在競爭劇烈的商業社會，人也往往會憑人際關係來評價一個人的能力。因此，在提高自己的競爭力的同時，千萬不要忽略了處理好人際關係，努力拓展人脈。

《莊子逍遙遊》開篇便道：「北冥有魚，其名為鯤，鯤之大，不知其幾千里也。化而為鳥，其名為鵬，鵬之背，不知其幾千里也。」

這麼龐大的一隻巨鵬，當牠沖天而起時，一雙翅膀把天都遮住了，用力一扇，便能擊起海中的巨浪三千里之高！這隻大鵬一飛便是六個月，能從北極飛到南極。若問這隻大鵬何以能夠如此神奇，答案是因爲牠憑藉了大風的力量，正所謂：「大鵬一日同風起，扶搖直上九萬里。」。

這世界上每個人都在爲自己的理想和人生目標奮鬥，但和神話中那隻碩大無比、雙翅蔽天的鵬鳥相比，我們這些現實世界中的普通人顯得更加渺小。

大鵬鳥一飛沖天尚且需要借助颶風之力，生活在現代社會這個巨網之中的我們，又怎能單槍匹馬地闖天下呢？

人脈就是讓我們扶搖直上的大風。

社會是人與人的聚合體，個人自我價值的實現離不開周圍人士的幫助。在面對鋪天蓋地而來的成功機遇和殘酷競爭的時候，如果巧妙運用「人脈」，善用「借人術」，在不損害他人利益甚至達到雙贏乃至多贏的同時，將衆人力量匯集起來，便能輕易獲取成功，長久立於不敗之地。

人是社會中最寶貴的資源。唐朝貞觀年間，唐太宗李世民大開科舉，望著從四面八方趕來赴試的士人們從宮殿大門下魚貫而入，志得意滿地說道：「天下英雄，盡入我彀中（弩箭射程所及的範圍）矣！」

由這句話可見，唐太宗顯然對自己能夠將天下人才招攬爲己用十分得意。

唐太宗是個十分善於利用「人」這項資源的皇帝。在他的朝廷中，房玄齡、杜如晦、魏徵、李靖、秦瓊……等一大批人才濟濟一堂，而且都能夠各盡其用、發揮所長，最終輔佐他成就了歷史上著名的「貞觀之治」。

在政治層面上，人脈與人才都是極爲寶貴的資源，在商業競爭中亦是如此，若能善用人這項資源，學會活用「借的藝術」，就能在商場上開創一片天。

愛迪達是當今世界上最著名的運動裝備品牌之一。可是誰能夠想到，七、八十年前，愛迪達公司的前身只是德國西部一個叫做赫爾佐格奧拉赫的小鎮上不起眼的一間鞋店呢？

那間鞋店的主人是一位叫做愛迪・達勒斯的青年，自幼酷愛製鞋，又善於鑽研各種稀奇古怪的鞋子樣式，所以小店的生意還算不錯。

一九三六年，奧運會即將在德國慕尼黑舉行，愛迪．達勒斯突發奇想，製作出了一雙鞋底帶釘子的短跑運動鞋。

在當時，所有運動鞋可都是平底的，所以愛迪．達勒斯不斷想著，要如何使人們注意到這雙樣式古怪的運動鞋呢？他為此傷透了腦筋。

有一天，他在報紙上偶然看到，美國著名運動員傑西．歐文斯最有希望奪得奧運賽冠軍。激動的愛迪．達勒斯急忙帶著新穎的運動鞋來到選手村尋找歐文斯。他熱情地將附有釘子的運動鞋免費送給歐文斯，並且苦口婆心向歐文斯說明這新款運動鞋的好處與幫助。

半信半疑的傑西．歐文斯穿上釘鞋試跑了幾次，發現的確更容易發力和加速度，於是便欣然接受了達勒斯的饋贈。結果在這次奧運會上，穿著釘鞋的傑西．歐文斯奪下四面金牌，成為奧運史上的一個奇蹟。

當所有新聞媒體和億萬觀眾爭睹這位偉大運動員的風采時，自然也看到了那雙造型奇特的釘鞋。奧運結束後，愛迪鞋店獨家經營並命名為「愛迪達」的新型運動鞋開始暢銷國內外，成為短跑運動員的必備之物。

從此，愛迪達的品牌名聲越來越響亮，成為馳名國際的運動裝備品牌。而且往後，愛迪達公司一直遵循利用名人為自己品牌做宣傳的策略，借助運動明星的名氣為自己帶來了巨大的財富。

當年愛迪·達勒斯利用歐文斯的名氣一舉成功的例子，也成為了「借術」的經典範例。

德國愛迪達公司是善於借用他人之力，以成就自己財富與名聲的最佳範例。

在職場上，人脈的運用也是相同的道理。不過，借用他人之力達成自己的目的，應該以雙方的利益爲著眼點，對借來使用的人脈與資源要珍重愛惜並合理使用，不能爲了自己的個人利益而過分濫用。

最好能使「借術」的結果達到雙贏的局面，否則也應以不損害對方的利益爲底線。唯有如此，雙方才能有再次合作的機會。

02

用正確態度
維護人際網路

人際網路建築在互惠互利的基礎上，

只要能跟朋友們彼此互利合作而不是互相爭鬥，

就能在事業這條路走得更快、更遠，

也唯有基於互利原則上的友誼，才會長長久久。

拓展人際網路，不能感情用事

要以冷靜的腦袋審視自己交往的對象，觀察他們是否是值得自己付出友誼的合適對象。否則，原本的善意與熱情，很可能最後會轉為傷害的根源。

爲了建造成功的人脈網路，對交往對象進行選擇是一件十分重要的事。

那麼，人們在人際交往中應該遵循哪些原則呢？

一般而言，選擇往來對象時，應該注意以下三大原則：

• 實用原則

從本身現實的社會需要出發，考慮哪種類型的朋友、哪個行業的朋友對自己的個人發展最有利，就選擇與那些朋友交往。這點還要結合對自己性格、愛好、修養、社會地位的瞭解，以及未來的人生規劃。

擁有《每日鏡報》、《倫敦每日新聞報》等報刊的英國報業鉅子羅伯特．麥克斯威爾是一位傳奇人物，他白手起家創建了自己的報業王國。

麥克斯威爾雖然一向我行我素，但卻一直與許多國際政要保持著親密友好的私人友誼。他先後訪問過幾十個國家，並與許多國家首腦建立了交情。麥克斯威爾曾經詼諧地把這些活動稱爲「先導性投資」。他說：「當然了，這些投資也可能無法收回利潤，不過我從來不這樣想。」

後來證明，這些充滿實用主義的「先導性投資」的確有極大效用。在政界要人的幫助之下，麥克斯威爾數次擺脫債務危機，最終成爲英國報業的領導者。

當他在一九九一年因事故身亡時，英國首相梅傑還發表了電視談話，稱讚麥克斯威爾是「一位人傑」，並稱「他度過了充滿意義的一生」。許多其他國家的領導人也發出電報表示哀悼。

麥克斯威爾對人脈網路的實用性經營並不是唯一的成功例子。近幾年來，美國有越來越多人報考哈佛大學，許多人甚至非哈佛不上。這種情況引起許多人不解，因爲哈佛許多科系的教授水準，並不比其他大學如哥倫比亞大學、麻省理工學院等高，但報考哈佛的學生卻是每年有增無減。

經過一番調查後，有人發現，原來許多報考哈佛大學的人並不是爲了接受更好的教育，也不是爲了哈佛的名氣，而是爲了結識哈佛的校友。

因爲，在美國的商界、金融界和政界中，哈佛人佔據了相當大的比例。尤其是在華爾街這個金融中心，幾乎每一個企業的高階主管中都有哈佛校友的存在。

這麼一來，在哈佛畢業生中就形成了一個龐大的人脈網路，而且這個網路還具有無比巨大的能量與作用力，這才是那些人非哈佛不上的原因。

這件事更說明，許多美國人在學生時代就已經考慮到未來的人脈網路，而且他們也從實用主義的角度出發，爲自己選擇合適的學校。

• 理性原則

理性原則即是說在選擇朋友和與人交往的過程中，應該時刻以理性思維指導自

己的行動，不能感情用事。

換句話說，選擇朋友時，不能單以個人感情上的好惡作爲唯一的標準。

首先，因爲人的感情判斷往往具有片面性，容易產生以貌取人的毛病，或是被偏見、成見遮住了看人的眼光。

其次，還沒有深入瞭解對方之前，切勿因爲一時的衝動而貿然做出與對方結交或不結交的決定。

人際交往的過程中，不要因爲一兩次印象就蓋棺定論，因爲在最初的交往中，對方表露出來的往往是表層的假象，只有隨著雙方認識不斷深入，才可能眞正瞭解對方究竟是怎麼樣的人，還有彼此間的這段友誼是否值得維持下去。

在中國古典名著《紅樓夢》中，曹雪芹刻畫了賈雨村這麼一個入木三分的偽君子形象。

曹雪芹筆下的賈雨村直鼻方腮、氣宇軒昂，又談吐儒雅、滿腹經綸，外表看起來實在是一位翩翩君子。

在他罷官復職時，為了透過財大勢大的賈府謀得一個官缺，於是與擔任工部員外郎的賈政交往。書中寫道，賈政「見他相貌魁偉、言談不俗」，且「這賈政最喜的是讀書人」，於是只憑一己好惡而沒有深入調查，便與賈雨村深入交往。

在賈政引薦下，賈雨村當上應天府府尹，並在此後的仕途生涯中逐漸升遷至大司馬。誰知道，受了賈政恩德的賈雨村不但沒有為賈府帶來好處，反而在賈府獲罪即將抄家之際落井下石，為了「怕人家說他回護一家兒，他倒狠狠地踢了一腳，所以兩府到底抄了」。

雖然賈政與賈雨村的故事，只是小說中虛構的人物和情節，但現實中也不乏類似這樣的例子。

社會上常有人有「知人知面不知心」、「我怎麼沒有早點看清你」……等等感歎，這些足以告誡人們在擇友過程中，不可感情用事，否則未來必會爲自己帶來更大的傷害。

•慎重與彈性相互結合

不少成功學大師都鼓勵一個人在社會上廣交朋友，因爲朋友越多，人脈網路便越寬廣，所獲得的有用資訊與幫助也就越多。但是，如果交友不慎，也會爲自己帶來不必要的麻煩，甚至是災禍，前文中提到《紅樓夢》中賈政結交賈雨村，便是一個例子。

現實生活中，隨著科技進步和網路日新月異，各種新興的交友方式大量湧現。許多涉世未深的人受到這類新穎交友方式的誘惑，輕率地結交許多朋友，結果卻爲自己帶來種種不幸和麻煩。這類故事在社會新聞中時常可見，不可不謹愼。

這些社會新聞在在提醒我們，抱著熱情的心廣交朋友時，也要以冷靜的腦袋審視自己交往的對象，觀察他們是否是值得自己付出友誼的合適對象。否則，原本的善意與熱情，很可能最後會轉爲傷害的根源。

多留心，就能使友誼常新

社交檔案中，最基本的內容就是名字與外貌特徵，以及當初相識時的情景與事件。這兩點能助人快速拉進彼此間的距離，是展開良好友誼的第一步。

許多成功學大師都提醒我們，想要獲得更輝煌耀眼的成就，就要將經營人脈當做一項事業來做，而且要做到精準而妥當，千萬不能輕忽。

如果你有著經營人脈的概念，又在拓展的時候願意多花一些心思，那麼面對人生的各種競爭，一定能順利脫穎而出。

擁有一個涵蓋範圍廣、潛在能量大的人脈網路，是幫助自己迅速成功的基礎。

正如一棵參天大樹，繁密的枝葉需要根莖供給養分，才得以存活。同理，只有擁有完善的人脈網路，在邁向成功之路才能有所著力。

科學家阿基米德曾經這麼說：「給我一個支點，我就可以撬起整個地球。」

人脈網路就是使人「撬起地球」的支點。

在對自己的人際網路有了一番評估和定位，並按照交友原則建立了不錯的人脈網路之後，如何維護與管理人脈網路就成爲最重要、最實際的問題。

要想利用人脈網路，首先要瞭解人脈上的朋友。

現實生活中，常常發生記住了別人名字，卻怎麼也無法把人名與臉孔連在一起的情況。出現這類情況時，會讓人有一種疏遠陌生的感覺，對於人際交往來說顯然不利。爲了避免類似情況發生，平時就需要建立一個社交檔案。

這個檔案不同於內容簡單的通訊錄，因爲通訊錄只是提供了這個人的姓名、聯繫方式等等，如果還想與對方發生進一步關係，並且希望在未來的某一天能借用對方力量推自己一把，那麼僅有這些資訊仍遠遠不夠。

這份社交檔案中，應著重描述每個朋友的特點，以便在交往過程中，加強自己對對方的印象，並能順利進行談話。其中，最基本的內容就是一個人的名字與外貌特徵，以及當初相識時的情景與事件。這兩點能助人快速拉進彼此間的距離，是展開良好友誼的第一步。

● 名字和外貌

當結識一個人時，最先獲得的資訊就是對方的名字和長相，換句話說，名字和外貌都是辨別一個人有別於其他人的最重要特徵。而且絕大多數對自己的姓名都很在意，如果有人記住自己的名字，自然便會對對方多加留意。

將交往對象的名字和他的相貌配合起來避免認錯人，這對於人際交往至關重要，這是構築交情、開啟談話的第一步。

日常往來中，記住對方的姓名以後，還要常常稱呼他的名字，這是使彼此之間產生親切感的重要因素之一。西方人既喜歡稱呼朋友的名字，也喜歡被人所稱呼，而且關係密切的人之間，還常使用暱稱。

像是在小羅斯福總統（富蘭克林．羅斯福）就任美國總統的第一天，見到白宮的首席守門人派特里．麥克納，便親切地稱他「派特里」而不是「麥克納先生」。

麥克納聽到這稱呼的一瞬間激動不已，因爲他在白宮工作近三十年了，還是第一次被美國總統稱呼爲「派特里」！

而且，之後短短的一個星期內，小羅斯福總統還記住了白宮裡所有工作人員的名字。這是助他日後在白宮順利開展工作的原因之一。

同樣的，記住對方的外貌特徵也很重要。若是翻開電話本時，看著本子上的名字，卻怎麼也想不起對方長什麼樣子，就人際關係而言，這當然不是一件好事。

所以，與人交往的過程中，要仔細觀察對方外貌上的特徵並記下它，比如「張先生留著小鬍子」、「王小姐嘴唇特別薄」……等等，這樣做就能避免名字和外貌無法連結的情況。

●情景與事件

與一個僅有一面之緣的朋友在多年後偶然相逢時，如果你說：「我記得當初與你一起參加過在某市舉辦的商務會議……」這時，對方就會恍然大悟道：「啊，我想起來了，你是某先生！」

上述這個例子顯示，記住雙方交往時候的情景和事件十分重要。若把與對方交往的時間、地點、所獲取的重要資訊和事件（如對方的職業、愛好、家庭成員）記錄在自己的社交檔案中，那麼下次再見到對方時，就可以作爲交談的切入點。

服務於紐約某大銀行的理查·賴特奉上司的指示，秘密進行一家企業的信用調查。正巧賴特認識另一個公司的董事長，而且這位董事長很清楚賴特需要調查的那間公司的內部狀況，於是賴特便親自登門拜訪，希望能獲取相關資訊。

賴特進入董事長辦公室才坐下不久，就見女秘書從門口探頭對董事長說：「很抱歉，今天沒有新郵票給你。」

「我那十二歲的兒子最近迷上了集郵。」董事長這樣向賴特解釋。

接下來，賴特便開門見山地說明來意，可是那名董事長卻含糊其詞，一直不正面回答，賴特見狀只好知趣地告辭離去。

就在走出那間公司時，賴特想起了女秘書和董事長之間的對話，並進一步想到在他工作的銀行，每天都會收到許多來自世界各地的信件，這無疑是個切入點。

於是，第二天，賴特收集了一大批來自世界各地的郵票再次來到那家公司，並告訴董事長說他是專程送郵票給他的，董事長當然熱情地接待他。

之後，賴特便以集郵作為突破口，與那名董事長聊他兒子的興趣與家庭狀況。聊了將近四十分鐘後，沒等賴特開口，董事長便自動說出賴特想要瞭解的情況，還滔滔不絕地把他所知道的資訊都告訴賴特。

就這樣，賴特圓滿、順利地完成他的任務。

「董事長的兒子最近迷上了集郵」，這便是賴特在日常交往過程中，偶然獲得的資訊，如果他心不在焉並對此置若罔聞，那麼他就失去了與董事長成為朋友並且順利完成任務的機會了。

準備社交檔案，輕鬆談話就不難

朋友是共同取得成功的夥伴。朋友能提供的交往價值也不僅僅限於物質利益，情感上的交流與關懷更加重要與珍貴。

爲了與人保持良好的友誼，準備並記錄一份社交檔案是件很重要的工作，而且在這份社交檔案中，至少要包含一個人的名字與外貌特徵，以及當初相識時的情景與事件。

但是，光只有這兩點仍舊不足。

在人際交往中，有時會感覺某人很面熟，但就是想不起他的名字，好不容易想起了對方的名字，又不知道如何開啓談話，除了幾句寒暄的客套話以外，再也找不到其他話題，這令雙方都覺得十分尷尬。

要避免這種尷尬的情況，就應在自己的社交檔案中，多附上一些參考資料，如此當面對這個人時，就能輕易找到適當且對方感興趣的話題，使彼此之間能有進一步的交談，也才能培養出更深厚的情誼，不僅是點頭之交而已。

換句話說，社交檔案中除了包含一個人的姓名、外貌特徵等基本資訊，另外還得有對方的興趣愛好、交往價值等相關資料。

•興趣愛好

不少人和別人交談時，時常處於不知該說什麼才好，因而出現「沒話找話說」的情況。尤其是當兩個人還不十分熟悉的狀態下，這種情景常常令雙方都感到莫名尷尬。

如果能事先從以往的對話中或者朋友的轉述中，得知對方的興趣與愛好，從而選擇對方感興趣的話題來開啓談話，那麼雙方就具備了共同的語言，如此自能輕鬆愉快地交談，並進一步深化友誼。

例如，如果對方是一個喜愛旅遊的人士，那麼交談時便可以旅遊爲切入點。例如，你可以說：「最近有到什麼地方玩嗎？那裡景色如何？」

這時，即使對方是一個性格內向或拘謹嚴肅的人，也會因這項話題是他擅長並感興趣的，而滔滔不絕地講述他的見聞與感受。有這樣一個良好的開端，接下來的談話便容易許多。

在社交檔案中記下對方的興趣愛好還有一個重要原因，也就是往後在需要尋求對方的幫助時，能投其所好地對他表示感謝之意。畢竟，對任何一個人來說，收到自己喜歡的東西，總比一般性的禮品有價値許多。

例如，若是對方喜歡享受口腹之慾，那麼可請他吃一頓大餐；若是對方喜愛古典音樂，可以請他去聽交響樂演奏會；若是對方熱愛戶外運動，則可以選購一套配備送他。

總之，朋友以互惠爲原則，要讓對方覺得和自己交往是有益處的，而且幫自己的忙也能得到回報，這樣才能確保人脈網路拓展成功，往後才有再次合作的機會。

• 交往價値

社交檔案中應該寫明與對方交往的價值，這部分是交友原則中「實用原則」的體現。

也就是說，應該明白自己與對方交往的目的是什麼，自己能從中得到什麼有價值的東西，一旦彼此間的關係破裂，又會對自己造成什麼損失。

當然，這並不是擺明了要單方面利用對方，而是和建立互惠互利的關係，彼此是共同取得成功的夥伴。朋友能提供的交往價值也不僅僅限於物質利益，情感上的交流與知識、見解的分享也同樣珍貴。

與不同類型朋友交往，所獲得的價值也不同。

締造歷史上著名的「貞觀之治」的唐太宗李世民會重用賢臣名相，就是因爲十分瞭解他們的價值。

以魏徵爲例，魏徵是出了名的忠直敢諫之臣，無論見到什麼不妥當的地方，都會提出建言，經常搞得唐太宗很沒面子，但這正是唐太宗最需要的。

據《貞觀政要》記載，有一次李世民退朝之後，正在宮中玩鳥，恰巧魏徵來了。唐太宗怕魏徵一見到又要囉嗦，連忙把鳥塞入袖中。

魏徵已經看到唐太宗的舉止，但並不點破，只是長篇大論地談論政事。等魏徵走後，唐太宗掏出心愛的小鳥一看，發現牠早已悶死了。

唐太宗見狀非常生氣，怒氣沖沖回到後宮後大發雷霆說：「我非把那個鄉巴佬殺了不可！」

長孫皇后就問：「皇上您是生哪個大臣的氣啊？」

唐太宗說：「還有誰，就是魏徵啊！」

皇后一聽卻不說話，反倒換了一套禮服向皇上道賀。

唐太宗不明白皇后為何道賀，長孫皇后說：「本朝有魏徵這樣的好大臣，又有您這樣的好皇帝，國家的興盛指日可待，難道不應祝賀嗎？」

唐太宗聽了，想一想皇后說的確實有道理，也就消氣了。

魏徵一生始終保持敢言直諫的作風，這種個性也常惹得皇帝火冒三丈，但是當魏徵去世以後，唐太宗歎道：「以銅為鏡，可以正衣冠；以人為鏡，可以知得失。

現在魏徵死了，我就像失去一面寶貴的鏡子！」

「以人爲鏡，可以知得失」，便是唐太宗對他與魏徵交往的過程中，自己所得價值的結論。因此，即使魏徵屢次觸怒龍顏，唐太宗並沒有怪罪他，因爲他明瞭魏徵爲自己帶來的好處與價值，遠大於他惹怒自己的過錯。

同樣的道理，與他人交往的過程中，若能時刻銘記與對方交往自己所獲得的價值，無論是物質上或精神上的利益，那麼，就可以理性判斷彼此間的交往是良性的且互惠互利的。

用正確態度維護人際網路

只要能跟朋友們彼此互利合作而不是互相爭鬥，就能在事業這條路走得更快、更遠，也唯有基於互利原則上的友誼，才會長長久久。

營造了一個完整又有系統的人脈網路，並詳細紀錄每個朋友的社交檔案後，日常生活中該如何維護人脈網路，使它不但不會隨著時光流逝而效益遞減，反倒如窖藏美酒一般越陳越香呢？

首先，必須明瞭，在每天與每個人的互動過程中，即使是個簡單的招呼或是眼神交換，也會對彼此之間的關係產生微妙的作用，有時甚至會造成意想不到的巨大影響力。

科學界流行一個理論叫做「蝴蝶效應」，大意是說一隻南美洲亞馬遜河流域熱帶雨林中的蝴蝶，偶然間扇動了幾下翅膀，就可能於兩週後在美國德克薩斯州引起一場龍捲風。

類似這種「蝴蝶效應」也存在於人際交往之中。不經意間流露出的一個輕蔑神態，也許就會種下仇恨的種子；一個轉瞬即逝的溫暖笑容，也許會使對方一生中都感激萬分。

正因爲日常生活中的每句話、每個舉止都可能影響人際關係，所以與他人來往時，要十分注意自己的態度。

若想擁有良好的人際關係，在日常與人交往的過程中，應該抱有誠信、平等、互利、尊重對方與寬容對方的交往態度。

●誠信

不論古今中外，誠信都是人與人之間交往的基本準則之一。誠實和信用是二者一體的，誠實的人必定講信用，講信用則是做人誠實的必要條件。

現代社會裡，許多人認爲要想成功必須「兵不厭詐」、「無奸不商」，這是錯誤的認知，小利小惠或許能透過奸詐方式獲得，至於想要成功賺大錢，則必須遵守誠信原則。

誠實可靠的人也是人際交往中口碑甚佳的人。

第一次世界大戰後，德國工程師斯特斯曼流亡到美國，生活顛沛流離，幸好有一家小企業看中他的才能並雇用他。他勤奮工作，並用自己的技術才能在電子機械領域贏得了不錯的名聲。

有一次，福特汽車公司的一台大型機器壞了，但福特的技術人員無力排除故障，只好請斯特斯曼幫忙。於是，斯特斯曼在機器旁搭了一個帳篷，聽了兩天機器運轉的聲音後，只用粉筆在機器上某個地方畫了一條白線。

斯特斯曼對福特公司的人說：「把機器拆開，在畫線的地方把線圈去掉十六圈，機器就能正常運作。」

福特公司照此一試，果然如此。

事後，福特公司給他一萬美元當報酬。按照公司規定，斯特斯曼要說明報酬的用途，因而他便在紙條上寫道：「用粉筆畫一條線，一美元；知道在哪裡畫線，九千九百九十九美元。」

獲悉此事的亨利．福特知道斯特斯曼是個不可多得的人才，便想高薪聘用他，然而斯特斯曼拒絕了。他說：「在我最需要幫助的時候，這間小公司雇用我。我已經答應在這裡工作三年，我不能失信。」

亨利．福特被他的誠信感動，於是便出鉅資將那家小公司和斯特斯曼一同購買下來。

斯特斯曼的故事告訴我們，誠信是立身之本，是人際交往過程中必須持有的重要態度之一。唯有做人誠信，才能得到他人的敬重。

•平等

在現代社會中，人與人之間還是有種種不平等的關係。有些人富可敵國，有些人貧無立錐之地；有些人天天出入上流社會，有些人則在社會最底層奮鬥。

然而，對善於交往的人而言，人人都是平等的，因爲他們知道每個交往對象都具有獨立的人格，而且也明白，如果要與對方成爲朋友，那麼絕不可有自己高於對方的優越心態，必須平等視之。

英國著名的戲劇家蕭伯納有一次訪問蘇聯，某天漫步在莫斯科的街頭時，遇到一位聰明伶俐的小女孩，兩人在一起玩耍了一段時間。

等兩人要分別時，蕭伯納說：「回去告訴妳媽媽，今天與妳一起玩的是世界上有名的戲劇家蕭伯納。」

小女孩聽完，看了蕭伯納一眼，學著大人的口吻說：「回去也告訴你媽媽，今天與你一起玩的是蘇聯小女孩安妮娜！」

這使蕭伯納大吃一驚，也讓他立刻意識到自己太傲慢了。

後來他常回憶起這件事情，並在日記中寫道：「一個人不論有多大的成就，對任何人都應該平等相待、永遠謙虛。這就是小女孩安妮娜給我的教訓，我一輩子也忘不了她！」

•互利

知名的成功學大師拿破崙．希爾曾經在他的書中說過：「幫助別人往上爬的人，往往會爬得最高。」

這句話表示，在人際交往中不能總是以自我利益爲中心，必須要在互利互惠的基礎上創造雙贏的局面。

即使是遷徙中的大雁也明瞭互利的合作方式。如果注意觀察遷飛中的大雁，會發現牠們都是排成「V」字型飛行。雁群之所以這麼做，是因爲前頭大雁揮動翅膀所產生的氣流，能被後面的大雁利用，從而提升整個雁群飛行的速度。

另外，科學家曾經在風洞中進行過試驗，結果發現在相等的時間內，排成「V」字型一起飛行的雁群，能比單獨一隻大雁多飛百分之十二的距離。

大雁尚且如此，人類也是一樣，只要能跟朋友們彼此互利合作而不是互相爭鬥，就能在事業這條路上走得更快更遠。

例如，股份制這種現代企業的主要經營形式，在本質上便是一種互利的制度。有資金的投入資金，有人力物力的投入人力物力，大家在互利的原則上共同控股，獲得的收益按股份所佔比例分紅，從而達到共贏的目的。

「合則兩利，分則兩傷」，在處理人際關係的時候，要正確處理好自利、他利和互利的關係。唯有基於互利原則的友誼，才會長長久久。

‧尊重對方

每個人都有自尊心，也都希望別人尊重自己，並會對尊重自己的人產生一股親切感與認同感。尤其是在上司與下屬的人際關係中，尊重下屬是獲得對方支持、增進自己成就的重要方式。尊重對方具體的表現，則是既要尊重他人的意見，又要尊重對方的勞動成果。

在經營管理方面，「以人爲本」已成爲二十一世紀的主流看法，在公司或組織內部，上級給予下級足夠的尊重，是保證員工充分發揮工作積極性的重要條件。

在現代職場，發生跳槽事件的原因，往往不是因爲薪酬問題，而是因爲老闆或上司無法尊重員工的意見和勞動成果。由此可見，尊重對方與否，會對對方意願與想法造成多大的影響。

• 寬容對方

如果被朋友冒犯或者屬下搞砸了一件工作，應該怎麼辦？是選擇睚眥必報地當面報復對方，還是表面上默不吭聲然後暗地裡捅他一刀？又或者是以隨和的心態、寬廣的胸懷原諒對方，並向他伸出友誼之手呢？

如果想要有更高的成就，就應該選擇第三種做法。

寬厚待人能夠顯示一個人高尚的涵養和氣度，爲人處世如果遵循寬恕的原則，就能使人際關係變得和諧。

結交重點對象，增強自身影響

人緣好的人與輿論領袖，是一個人應該重點交往的兩種對象。結交這樣的對象，就抵得上結交數名或數十名普通對象。

在一間公司或一個部門裡，有些人總是特別受歡迎，上司信賴他，同事也喜歡他，顯示這些人特別有人緣。有些人卻正好相反，很少有人喜歡他，朋友也不多，相對的，人緣很差。

不論何種人際交往圈中，都可能會有人緣極好的人和人緣極差的人存在。

某些人的人緣很好，也許是因爲誠實可靠，值得信賴；也許是因爲沉穩老練，辦事能力強；也許是因爲謙虛謹慎、平易近人；甚至僅僅是因爲長得帥或者有錢有勢等等。不論出於什麼原因，這些人緣好的人都是值得重點交往的對象。

這是因爲，人緣好的人既然被大多數人喜歡，那麼他的朋友自然也不少，必然有豐富的人脈網路。如果人緣好的人成爲自己的好朋友，那麼他的人脈網路便會融入自己的人脈網路中，這樣在人際關係的處理上便可以取得事半功倍的效果。

人緣好的人由於朋友衆多，人脈基礎好，領導者也賞識他，因此他的個人能量也比一般人要大。在這種狀況下，找一個好人緣的人辦一件事，要比找其他人或者人緣差的人方便許多，效率與成功率也會提高很多。

所以，將人緣好的人吸收進自己的人脈網路中，就能在無形中增加這個人際網路具備的能力與效用。

另外一種應該重點交往的對象則是輿論領袖。

所謂輿論領袖是指在資訊傳播和輿論形成上具有一定優勢，能夠爭取到更多人支持的那些人。有時候，輿論領袖本身就是人緣好的人，但人緣好的人卻未必是輿論領袖。

若能結交輿論領袖，使他們成爲自己的資訊型朋友，透過他們獲得資訊或者傳播自己的意見，就能對自己的人際網路產生巨大的正面效益。

因此，輿論領袖是人脈網路上，應該盡力爭取的重要部分。

美國的汽車大王福特在二十世紀初是個「有爭議」的人物，一些人說他是美國的「偉人」，用「汽車文明」取代了「馬車文明」。另一些人則認為他是「上帝的罪人」，他們強烈抨擊汽車所製造的污染，指責汽車會破壞大自然。

雖然攻擊者人數不多，但他們掀起的輿論卻不小，因而造成一群人對汽車懷有敵意，這顯然不利於福特汽車的銷售。

當時，亨利．福特希望透過輿論領袖發揮輿論作用來解決這個問題。

在反對者中有個德高望重的老作家，是七十五歲的鳥類愛好者巴勒斯，亨利。福特決定鎖定巴勒斯推動自己的計劃，因為他雖然反對汽車，但態度並不太強烈。

某一天，巴勒斯出乎意料地收到亨利．福特的一封來信。信中，亨利．福特說自己酷愛巴勒斯的書，又讚揚這些書為他帶來少有的快樂，所以他決定贈送一輛福特車給他表示敬意。

透過這種方式，福特結識了巴勒斯，並不失時機地向這位老人宣傳汽車的好處，比如有了汽車後，能使巴勒斯更有機會接近鄉村、接近大自然等等。在福特鼓勵下，巴勒斯有些勉強地搭上汽車，讓一個年輕的親戚帶他去鄉村兜風。

不出福特所料，幾天之後，巴勒斯就體會到汽車帶來的便利與好處，甚至開始自己學駕駛。不久，人們就看到頭戴大禮帽、白鬍鬚隨風飄揚的巴勒斯自己握著方向盤，在紐約州的原野上來回穿梭。

換句話說，此時巴勒斯已成為反對汽車者中間宣傳汽車好處的活標本。這個活標本經過媒體報導後，又引起更多人注意，在美國社會中產生反響。

既然巴勒斯這個德高望重的反對領袖都與福特和解了，美國民眾中讚揚汽車的人自然也越來越多。

此外，亨利·福特還透過巴勒斯來爭取其他反對者的支持，他告訴反對民眾自己也愛好野生動物和大自然，決定贊助一項保護鳥類的提案。

於是，福特又動員全國各地的福特汽車商遊說國會議員，還督促各地方學校的學生和野生動物協會出面支援，終於使這項保護鳥類的提案獲得通過。

這件事減輕了其他反對者對福特的敵意。福特過五十歲生日時，巴勒斯還專程前去祝賀，並對保護鳥類的提案表示感謝。

透過「輿論領袖」巴勒斯的幫助，亨利・福特輕而易舉地把汽車開進反對者的生活裡，美國社會中反對福特汽車的聲浪也逐漸平息。

由這個例子可知，在人際網路中，擁有一個輿論領袖能對自己有多大的幫助。

人緣好的人與輿論領袖是我們應該重點交往的兩種對象，因爲他們的影響力多半大於一般人的數倍以上。能夠結交這樣一個對象，就抵得上結交數名或數十名普通對象。即便與這兩類人結交得多花一些時間和精力，但就營造成功人際網路角度而言，絕對會有巨大幫助。

標準過高，必定使人脈減少

在敵人與朋友中間，還有廣大的中間地帶，要抱持「只要不是敵人，就是朋友」這種態度，才會使人生道路上的朋友越來越多，敵人越來越少。

《世說新語》中記載了這樣一則故事：

管寧和華歆是年少時的好朋友，兩人求學時，常常一邊讀書，一邊下田耕作。有一天，兩人在園中耕作，結果竟發現田地裡有一塊前人埋藏的黃金。

金子誰不喜歡呀！但是，華歆和管寧他們平時讀書養性，就是要摒絕人性中的貪念，見了意外的財物不能動心，平時也以此互相標榜。所以，管寧見了黃金，就把它當做磚石土塊一般，用鋤頭一撥就扔到一邊了。

華歆在後面耕田，過了一會兒也見到那塊黃金，他明知道這東西不該拿，但又不太捨得放棄，還是拿起來看了看，心裡掙扎了一番之後，最後才扔掉。

這件事說明，華歆的品德修為和管寧相比要差一大截。

又過了幾天，當兩人正在屋裡讀書時，外頭的街上有達官貴人經過。這位官人乘著華麗的車馬，一路上敲鑼打鼓，陣仗非常熱鬧。面對這情形，管寧還是如同沒聽見一樣，繼續認真地讀書，但華歆卻坐不住了，頻頻跑到門口觀看，並對達官貴人的威儀欣羨不已。

馬車過去之後，華歆回到屋裡繼續讀書，誰知管寧卻拿出刀子，將兩人同坐的席子從中間割開，說道：「你不配再做我的朋友了！」

後世所謂割袍斷義、劃地絕交，就是從這則管寧割席的典故而來。

從《世說新語》這則故事中可以看出，管寧對自己朋友的要求十分嚴格，簡直到了近乎苛刻的地步。抱持這種高標準態度，從好的一面解讀，代表他交友謹慎，品德清高。但相對而言，這種「嚴以律己，嚴以待人」的性格，以及對朋友極高標準的要求，必也會使許多人不願意靠近他，因而喪失許多交友機會，無異於斬斷自己的人脈。

在選擇來往對象的時候，需保持一份謹慎的態度，但並不需要像管寧一樣以常人難以企及的高標準衡量身邊朋友。

東方朔曾說：「水至清則無魚，人至察則無徒。」

意思是說，水若是太清澈，甚至連微生物都沒有，自然無法養魚了。同理，人要是太過於孤高，也很難交到朋友。所以在慎重交友的同時，還要適度掌握結交朋友的彈性標準。

要想在謹慎與彈性兩者之間保持平衡，可以參考以下做法：

‧不要拒人於千里之外

就算總是看某人不順眼，或與他話不投機，又或者覺得和對方結交沒有什麼實際意義，也不應該徹底與對方斷絕來往。因爲，世事變幻無常，天曉得眼下這個與自己萍水相逢又話不投機的人，在將來某個時刻會不會成爲生命中的貴人呢？

有人也許會覺得，明明彼此話不投機又看不順眼，還要裝模作樣「應付」對方，這樣做人未免太辛苦了。

是的，這麼做確實讓人覺得不太舒服，但這正是一個善於交際者應該具備的涵養。畢竟，要先能「容人」，然後才能談得上建立人脈。

•相逢一笑泯恩仇

如果他人因爲某事得罪你，或者你曾得罪過別人，雙方心裡自然有點不愉快，但絕對沒有必要結仇，如果覺得有必要，應主動化解僵局。

有了這次互動，也許往後會因此成爲好朋友，或者關係不再那麼僵化，至少會少了一個潛在的敵人。

很多人就是很難做到這點，因爲他們總是拉不下臉化解僵局，但其實只要放下自己的身段，採取主動態度，這種寬容的氣度與雅量就會化解的敵意。

不過，化解僵局時要找一個合適的場合和時機，否則搞不好會適得其反。

•並非不是對手就是朋友

有些人奉行「不是朋友就是對手」這項原則，如果帶著這麼明顯的敵對態度與人交往，敵人就會一直增加，朋友則會不斷減少，最後只是使自己孤立於人群之外。

實際上，在敵人與朋友中間，還有著廣大的中間地帶，那些處於中間地帶的人，也值得成爲朋友。

正像在第二次世界大戰的時候，美國和蘇聯攜手合作，並結合世界上眾多國家組成反法西斯同盟一樣，要抱持「只要不是敵人，就是朋友」這種態度，才會使人生道路上的朋友越來越多，敵人越來越少。

•放下架子

有些人總是自命不凡，認爲自己比其他人都高一等，與人交往的時候，總端起架子擺出一副「天上地下，唯我獨尊」的樣子。

這種態度不僅會對自己的人際關係造成極大傷害，也容易在無意中樹敵。

美國著名的成功學專家戴爾‧卡內基曾在書中提到，老羅斯福總統（西奧多‧羅斯福）的絕好人緣，是他之所以獲得成功的秘訣之一，連他的僕人都很敬愛他。

當他卸任多年後再次到白宮作客時，他對白宮裡面每個傭人，甚至是負責雜務的女僕都親切地打招呼，而且記得每個人的名字。他還記得廚房女傭最擅長的點心是玉米餅，並接過玉米餅一邊吃、一邊與園丁和工友們打招呼。

由這段記述可知，這位美國前總統一點也沒有大人物的架子，並廣泛地與負責下層工作的傭人保持友好關係。這種謙虛和善的態度，是拓展人脈時應學習的典範。

03

清除人脈中的地雷

在人際交往中，保持心胸開闊非常重要，

畢竟沒有人永遠不會在言語和行為上犯錯，

對別人無意間造成的過錯應充分諒解，

不必計較無關大局的小事。

要彬彬有禮，也要拉近彼此距離

適度地在人際交往上不拘小節，可以拉近自己與他人的距離，但這點應該建立在遵守禮節的前提下。總之，必須在彬彬有禮與不拘小節之間取得平衡點。

在人際交往的過程中，唯有將正確的態度和合適的方法結合起來，平時多認真用心地維護人脈網路，那麼在需要使用人脈資源的時候，才能獲得豐厚的回報。

要與他人愉悅相處，加強彼此之間的友誼，要注意如下三大原則：

●真誠地讚美別人

美國著名的心理學家威廉．詹姆斯曾在著作中說：「人類本質中最殷切的需求，就是渴望被肯定。」

人們對於渴望他人認同的需要，絕不亞於對食物和睡眠的需要，恰到好處的讚美則是肯定他人的最佳方式。

爲什麼小朋友受到老師表揚總是特別高興？爲什麼年輕人喜歡穿名牌時裝、用最流行的手機？爲什麼老人總喜歡說：「想當年我……」這類話語？這正是因爲，不論什麼人都喜歡聽到他人對自己的讚美。

著名作家馬克．吐溫曾說：「靠一句美好的讚揚，我能活上兩個月！」

既然人人都渴望讚美，既然讚美對方能給人際關係帶來這麼大的作用，何必吝嗇一句眞誠的讚美話語呢？

所以，當同事費盡心力完成了一件重要工作後，你應該適時說一聲：「你做得太好了！眞希望我也能像你一樣做得這麼出色！」他一聽一定滿心歡喜。

又如，當朋友換了一個新髮型時，應該說：「眞好看！看起來比之前年輕、帥氣許多喔！」他也許會因此興奮好幾天。

有些人很少讚美對方，是因爲他們混淆了讚美和奉承之間的界限，其實這兩者是截然不同的。讚美是發自內心地肯定對方的長處和取得的成果，奉承則是虛偽、言不由衷地逢迎與拍馬屁，內容往往誇大其辭。

曾經有位葡萄牙珠寶商想把他精心購得的稀世珍品「地球之心」賣給西班牙國王菲力浦二世。可是，這位國王是西班牙歷代國王中最睿智的一位，閱歷相當豐富，一般世俗寶物很難使他動心。

當珠寶商將他的鑽石呈現在國王面前時，所有人都以為菲力浦見到如此璀璨奪目的鑽石，應該多少會有一點興趣，誰知他竟對此不屑一顧。這並非是他故作姿態，而是因為他的確見多識廣，對珠寶見怪不怪。

急需將鑽石脫手的珠寶商見狀，上前說道：「陛下，我曾為此珍寶付出七萬金幣。誰若得到它，都不會覺得這顆鑽石配不上自己的身分。」

「在付錢的時候，你是怎麼想的呢？」菲力浦國王問道。

珠寶商回答：「陛下，我當時只想著——這世上只有一位菲力浦二世。」

菲力浦一聽龍顏大悅，即刻買下這顆鑽石並下令重賞此人。

珠寶商毫不張揚的稱讚使他贏得了這筆買賣。同理，在人際交往中，發自眞心的稱讚，也最能博得對方歡心。

●別吝嗇微笑

除了言語之外，人們最常用的溝通方式就是各種表情，在各種表情中，對人際交往幫助最大的則是一個燦爛的微笑。

知名心理學家亞德洛在他的名著《生活對你的意義》中說：「你可能沒有留意，在這個異常緊張的商業社會裡，人們因為心情緊張與生活緊張，使得他們的臉孔老是緊繃著，像在生什麼人的氣似的。他們不懂得微笑，更不懂得放鬆！」

這段話確實不錯，許多人忽略了微笑的力量，總是板著臉孔，但越是成功的人物，越會注意微笑帶來的效果。

所以，不少成功學大師都強調：「微笑是一種奇怪的電波，它會使別人在不知不覺中同意你的看法。你的成功與失敗跟微笑有絕大關係。」

美國鋼鐵大王安德魯・卡內基，正是一位善於利用微笑的成功人士。

有一次，在一個冠蓋雲集的晚宴上，一位平日對卡內基很有意見的鋼鐵商人在背地裡大肆抨擊他，說了他許多壞話。

當卡內基到了他附近並且站在人群中聽他高談闊論的時候，他仍渾然不覺地數落卡內基的不是。一旁的宴會主人見到這情景十分尷尬，生怕卡內基會克制不住怒氣而對那名商人加以指責，那這個歡樂的宴會就會變成舌戰的陣地。

可是，卡內基一直安靜地站在一邊，臉上還掛著微笑。等到那個大肆抨擊他的人轉身後發現卡內基就站在一旁，反倒感到非常難堪，不禁滿面通紅地閉上嘴，想從人群中溜出去。

卡內基的臉上仍然掛著笑容，並走上前親熱地跟他握手，好像完全沒有聽到他剛才說的那些壞話似的。

那個抨擊他的人自然尷尬萬分。卡內基見狀，又體貼地遞給他一杯葡萄酒，使他有機會掩飾他的窘態。

第二天，那個抨擊卡內基的人親自到卡內基家中再三向他致歉，更從此成為卡內基的好朋友，常常稱讚卡內基，認為他是個了不起的大人物。

這就是微笑的巨大影響力，甚至能使人與人之間化敵爲友。

●在「彬彬有禮」和「不拘小節」之間取得平衡

人與人的交往中，「以禮相待」、「禮尚往來」是每個人都應該遵守的基本原則，因爲禮貌是衡量一個人品德水準、智識高低和有無教養的尺度，也是人際交往中的橋樑和潤滑劑。

彬彬有禮的人多半比粗魯無禮的人更有人緣，尤其是與社會地位較高、素養較深的精英人士交往時，合適的禮節必不可少。

禮節涵蓋了日常生活中各個方面，具體說來有言談舉止、儀容服飾、待人接物等等。

例如，與人說話時聲音不可太大，不要口沫飛濺；在正式的社交場合中，不要穿過於隨便的休閒服飾；和人交談時不要東張西望，身體不要一直抖動；遞交和接受名片時，應恭敬地使用雙手，收下對方的名片後要仔細看一遍再收好；握手與敬酒時，要注意輩分上的差異。

有些人認爲「成大事者不拘小節」，因而對社交時的禮儀不甚在意，以爲只要誠心誠意地交往就好，其實這是錯誤的觀念。

「不拘小節」意思是指待人處世時不拘泥於小事。眞正的涵義是說，當人際交往發展到一定的程度，比如雙方的感情比較親密、談話比較投機等情況下，可以把平常應該遵守的禮儀加以變通，以適合輕鬆愉快的氣氛，但不是完全拋棄禮節。

不拘小節有它適用的範圍和時機，比如說在酒席上可以與上司稱兄道弟，但在上班時間的辦公室裡便不能如此放肆。適當、適度地在人際交往上不拘小節，可以拉近自己與他人的距離，但這點應該建立在遵守禮節的前提下。

總而言之，必須在彬彬有禮與不拘小節之間取得平衡點，使對方既不會感到被冒犯，又能使彼此關係拉進、親密，這才是成功的人際交往。

善用溝通技巧，使人際關係更好

只有當自己和對方都能夠暢所欲言的時候，溝通才能達到預期的效果。所以在溝通過程中，除了談話之外，還要隨時隨地注意傾聽對方的意見。

語言是人與人之間交往的最基本工具，人際交往是否成功，很大程度上決定於雙方的語言溝通是否順利融洽。能夠適當且精確地運用語言工具的人，就可以恰到好處地將心中想法說出來與對方分享，至於那些拙於言詞的人，則常會失去與對方成爲朋友的機會。

人人都會說話，但並不是每個人都善於使用說話技巧達到成功溝通的目的。

唯有用詞適當、語氣得體、輕鬆幽默、長短相宜的話語，才會讓對方如沐春風，沉浸在愉快的談話氣氛當中。

說話幽默風趣是一種很高級又吸引人的說話技巧，更是拓展人脈的利器，幾乎沒有人不喜歡幽默風趣的人。

美國前總統雷根有一句名言：「在生活中，幽默能促進人體健康；在政治上，幽默有利於為自己的形象加分。」

他自己也是這句話的忠實奉行者。

雷根當選美國總統後第一次訪問加拿大時，曾發表了一次演說，可是在演說的過程中，他的談話不時被場外反美示威人群的喊叫聲打斷。

面對這情況，加拿大總理皮埃爾．特魯多感到十分難堪，但雷根卻滿面笑容地對特魯多說：「這種事情在美國時常發生，我想這些人一定是特地從美國來到貴國的，他們想讓我有一種賓至如歸的感覺。」

這幽默的話語立刻化解他和特魯多之間尷尬的氣氛。

還有一次，由於雷根決定恢復生產新式的B-1轟炸機，引起許多美國和平主義者的反對。

在記者招待會上，面對提出激烈反對意見的媒體記者，雷根說道：「我怎麼不知道B-1是一種飛機呢？我也知道Ｂ１是人體不可缺少的維生素之一。我想，我們的武裝部隊也一定需要這種不可缺少的東西。」

這番幽默的話語既巧妙回覆記者的激烈提問，也透露出他堅定不可動搖的決心。

正因為雷根總能以風趣幽默的形象出現在公眾面前，所以被公認為是美國歷史上人緣最好、最受人民愛戴的總統之一。

那麼，如果在與人交談的過程中，不知道要說些什麼時該怎麼辦呢？

美國人際關係專家德士特．耶格在他《基本人際關係技巧》一書中說道：「由於人類的本性是關注個人利益，每個人最喜歡的話題往往是他自己。所以，如果你和人們談他們自己、他們的家人、他們的工作、他們的愛好以及他們關心的事情，他們馬上就會尊重你。你對他們發自內心的興趣就是對他們的欣賞，那會提升他們的自尊心，反過來會使他們尊重你。」

「相反的，如果你談論過多自己的事情，而不是他們的事情，情況就會截然不同。這種行為會告訴他們，你對他們並沒有什麼興趣。這就會使他們的自尊心受傷，他們對你的尊敬也會因此下降。因此，當你與人們交談的時候，最好問那些能引導他們談論他們自己的問題。」

於是，耶格採用了一個首位字母，縮寫爲「FORM」的方式，幫助大家記住那些應該問的問題。

首先，用「F」（Family）提問關於對方家人的問題，像是問：「約翰，你結婚了嗎？你的孩子多大了？」「你女兒現在情況如何呢？」「你妻子喜歡那次旅行嗎？」「你母親的關節炎最近好點了嗎？」

接著，用「O」（Occupation）詢問對方的職業或工作狀況，像是問：「約翰，你是做哪一行的？」「最近工作狀況如何？景氣好嗎？」「我聽說你最近榮升了啊？」「你什麼時候進那家公司的？」

然後，用「R」（Recreation）詢問對方喜歡哪些娛樂活動，例如問：「約翰，你下班後都做些什麼消遣呢？」「你喜歡去哪裡釣魚呢？」「我聽說你是個高爾夫球高手。」「眞棒的跑車，你喜歡嗎？」

最後，用「M」（Money）詢問對方的金錢狀況與他們的夢想有什麼關係，例如問：「我有一個辦法能幫助你得到你一直很想要的東西。」「我知道你很喜歡旅行，你最想去哪裡旅行呢？」「如果不需要考慮金錢問題，那該有多好啊！」

耶格提供的技巧值得借鑑，只要使用時根據彼此的習慣加以調整就可以了。

還有一點需要注意的是，若是滔滔不絕地發表自己的看法，不讓對方有機會發言，那就不是一次成功的溝通。

因爲言語的溝通是種雙向的交流，只有當自己和對方都能夠暢所欲言的時候，溝通才能達到預期的效果。所以在溝通過程中，除了談話之外，還要隨時隨地注意傾聽對方的意見，表示對他個人意見的重視。

總而言之，如果平時注意總結和吸取他人的經驗，並將這些說話技巧運用到自己的言語與溝通過程中，那人人都能成爲一個「能言善道」的人。

清除人脈中的地雷

在人際交往中，保持心胸開闊非常重要，畢竟沒有人永遠不會在言語和行為上犯錯，對別人無意間造成的過錯應充分諒解，不必計較無關大局的小事。

在現實生活中，有一些因素容易使原本良好的人際關係遭到破壞，使雙方長期的友誼毀於一旦。

這些因素之中，有三個因素最爲顯著，它們就是猜疑、偏見和瞋怒。這三個因素就像一個個地雷，埋藏在人脈網路的各個角落，稍不留神，便會引爆它們，爲彼此情誼帶來不可彌補的巨大傷害。

• 猜疑

猜疑是一種非常複雜的現象，一般說來可以分成兩大類。第一類是指人們在思考時，由於缺乏證據引起的心理波動。

比如當同事告訴你，某位朋友曾在上司面前說過你的壞話，也許你第一個反應是不相信，反倒疑心這名同事是否有意挑撥你與朋友之間的感情。因爲在自己所掌握的資訊中，那位朋友對你的眞誠和坦率多於這個同事。

這種猜疑一般是比較理性的，從某種意義上而言，有助於人做出正確的判斷，在人際交往中有時是必要的。

第二類是由於對自己缺乏信心、對他人產生誤會，或是聽信流言等原因產生的變態心理和反常思維。

當這種猜疑思維主宰了大腦之後，其他外界資訊就很難再進入腦中，有時反倒會加重原本的猜疑心，「疑人偷斧」這則寓言就具體地描述了這種猜疑心理。這類猜疑很容易造成周圍人群的對立情緒，引導人對事情做出錯誤的判斷，所以是必須改進、克服的猜疑心態。

猜疑產生時，必須先保持冷靜，切忌因爲負面情緒而感情用事。當思維中第一次出現猜疑的信號後，需判斷自己對某事的猜疑是否具備充足的證據。如果證據模糊不清，大部分都是主觀推測，就應該儘快消除自己的猜疑，以免這種猜疑心態爲人際關係帶來嚴重損害。

● 偏見

產生偏見的原因有以下四種：

• 首因效應：人與人之間由於初次接觸所產生的第一印象，通常會比較深刻。源於第一印象的影響，往往會對對方的言行舉止產生認知偏差，稱爲首因效應。

• 暈輪效應：人際交往中，人們往往會因爲某個人的某一特點、品質特別突出，因而把這一項特點不斷擴大，以致於對他的整體缺少清晰的認識。就像月亮周圍有時會出現的暈輪一樣，這種錯覺現象在心理學上稱爲暈輪效應。

• 近因效應：對他人的認知中，最近觀察獲得的印象往往會最佔優勢，進而掩蓋了對這個人一貫的瞭解，心理學上稱這種現象爲近因效應。如果說首因效應主要發生在一個人對陌生人的錯誤認知上，那麼近因效應則主要發生在一個人對熟悉者的錯誤認知上。

•定型效應：人們總是習慣把人按年齡、性別、外貌、衣著、言談、職業等外部特徵，歸爲各種不同的類型，並認爲屬於某類型的人，一定都具有共同的特點，這種心理偏見便是定型效應。

上述這四種效應都會使人產生偏見，這些偏見也多半會對人際關係造成不良影響。至於克服偏見的方法，則是要理性、全面地看待周遭人、事、物，不要草率、輕易地下結論，如此就減少偏見產生的數量。

•瞋怒

與人交往的過程中，總是難免有一些分歧和爭執，有時常會因爲一點雞毛蒜皮小事，就搞得不歡而散，甚至使雙方結下芥蒂。即使以後努力彌補彼此間的關係，也難免會在對方心裡留下一層陰影，爲日後的相處帶來障礙。所以，最好的辦法還是儘量避免瞋怒之心出現。

據心理學家分析，爭吵者往往會犯三個錯誤，第一是沒有明確清楚地說明自己的想法，說話含糊、不坦白；第二是措辭過於激烈、武斷，沒有商量的餘地；第三是不願用尊重的態度聆聽對方的意見。

因此，當雙方產生爭執，把握「有話好好說」的原則十分重要。若是兩人間有了不同的看法，應該以商量的口氣提出自己的意見，並用和緩、有禮的話語表達想法，應該儘量避免使用「你總是處理不好……」、「你根本不懂……」這類絕對否定別人意見的強烈措辭。畢竟，每個人都有自尊心，傷害了他人的自尊心，必然會引起對方反感。

即使對錯誤的意見或事情提出糾正看法，也切忌嘲笑對方。幽默的語言能使人在笑聲中思考，但嘲笑卻使人感到惡意與不愉快。所以，提出反對意見時，必須眞誠、坦白地說明自己的想法和要求，別讓人感到是在刻意挑人毛病。

同時，要學會耐心、留神地傾聽對方意見，從中發現合理的部分並及時給予讚揚或同意。這不僅能使對方產生積極的心理反應，也爲自己帶來思考的機會。

如果爭執雙方的修養、思想及文化水準都比較高，要做到上述幾點並非難事，就怕對方的態度惡劣，不肯合作。萬一遇到這樣人，首先要冷靜，別讓自己也跟對方一樣。

寬容忍讓可能會使人一時覺得委屈，但寬容的態度不僅能表現出自己的修養，也能讓對方態度平靜下來，就算當下不能取得一致意見，理性思考之後，相信能共同找到解決問題的好辦法。

想透過人脈幫助自己成功，在人際交往中，保持心胸開闊是非常重要的一點，畢竟沒有人永遠不會在言語和行爲上犯錯，對別人無意間造成的過錯，應該充分諒解，不必計較無關大局的小事。

法國作家布魯依爾曾說：「兩個都不原諒對方細小過錯的人，不可能成為老朋友。」

只有保持開闊的心胸與容人度量，才能與人建立良好的友誼關係，逐步拓展出有效的人脈。

借助上司之力衝上雲霄

當能顯示自己才能的機會出現時，千萬不要矜持，趕緊抓住機會博得領導者或上司的賞識，才能在今後的道路上鵬程萬里。

我們平時談論一個人的能力之時，往往只片面地聯想到生活技能、工作經驗或學歷高低，卻忽略了「人脈經營術」是能力中最重要的一部分。

因爲，人再怎麼優異，也需要別人拉拔提攜，才能更快出人頭地，否則縱使費盡心力，也不見得會得出更完美的結果。

據《史記封禪書》記載，黃帝活了一百一十歲後，在荊山下採銅鑄鼎，銅鼎鑄成那天，天上飛下一條巨龍迎接黃帝升天。相傳跟隨黃帝的那些大臣們也想隨他而

去，有些人攀上龍背，有些人拉住龍尾，那些擠不上去的人則牢牢抓住龍鬚。當巨龍在雷霆聲中騰雲飛去，不堪重負的龍鬚最後脫落下來化爲「龍鬚草」，摔落下來的人只好看著黃帝和那些攀上巨龍的幸運臣子們升天而去……

此後，「攀龍附鳳」這句成語被人廣泛應用，多半用來形容人結交權貴從而獲得非正當的地位、利益。但若從人脈經營術的角度解讀，便會發現「攀龍附鳳」這個帶有負面意涵的成語，其實也有正面意義。

「攀龍附鳳」這句成語運用於人脈學領域，即暗示一個人想獲得事業上的成功，需要有來自上方的強勢人物提攜，倘若能借助這些強勢人物的力量，就會更快速開闢一條光明大道。

這些強勢人物既包括企業領導者、直屬上司，也包括與個人事業息息相關的當權人士和部門主管。

古往今來，懷才不遇一直是許多志向遠大之人最常遭遇的困局。一個有能力做一番大事業的人，由於不被人賞識和重用，致使雄心壯志化爲夢幻泡影，確實令人萬分遺憾。

例如，屈原的經世之才不被楚王重用，萬念俱灰後自投於滔滔汨羅；賈誼的濟世良策得不到漢文帝賞識，只好歌詠鵬鳥作爲精神上的寄託；辛棄疾的抗敵策略不被南宋朝廷採納，令他「卻將萬字平戎策，換得東家種樹書」……等等。

由此可見，得到強勢人物的支援和提攜，對於個人事業的成功具有多大作用。如何使位居關鍵地位的「伯樂」發現自己這匹「千里馬」，無疑是所有有抱負又有理想的人，必須學習的「人脈經營術」，以便「借」這些當權關鍵人物的力量，使自己衝上雲霄。

凡是當權的大人物，大多事務繁多、應酬不斷，也常常「貴人多忘事」。因而，如果不是特意用心觀察，他們很少能留意到淹沒在衆多面孔中的人，哪一個才是眞正的「千里馬」。

因此，一旦機會來臨，不失時機地展露個人能力，使領導者和上司留下深刻的印象，便是獲得上位者賞識和重用的第一步。

「戰國四君子」之一的平原君趙勝，門下有食客數千人，其中有些人一年中也見不到平原君幾次，更別談得到重用了。

後來，趙國都城邯鄲被秦國圍困，平原君受命去楚國求救的時候，決定從食客中選拔二十名「有勇力文物備具」的人隨同前往，然而挑來挑去只挑出十九人。

這時，一位名叫毛遂的食客抓住這個時機，自告奮勇地說：「現在還少一人，不如就選我毛遂充數吧！」

平原君覺得很奇怪，因為他平時從來沒有注意到這名叫毛遂的人，於是就問：「先生在我趙勝門下作客有幾年了？」

毛遂說：「已經三年了。」

平原君聽了，不禁說道：「有本領的人為人處世時，就好像錐子放在布囊裡一樣，它的錐尖會刺破布袋顯露出來。可是，先生你在我門下已經三年了，平時既沒有人稱讚你的才華，我也未曾聽過你有什麼傑出事蹟，可見你沒有什麼本事。我看，你還是別去了吧！」

毛遂聽完，說道：「今天，我請求您把我放在布囊裡。況且，如果我早被放在布囊裡，那麼早就脫穎而出，而且不僅僅是看到錐子尖而已！」

平原君找不到更好的人選，只好帶毛遂也一起前往楚國，其餘的十九人一路上都暗自嘲笑毛遂。然而，當平原君一行人進入楚國，花了許多時間都無法說服楚王營救趙國時，毛遂卻以三寸不爛之舌，對楚王曉以利害之道，說得楚王當下與平原君歃血為盟，完成了平原君此行的重任。

事後，平原君感慨地說：「我趙勝再也不敢片面判斷一個人有沒有本事了！」從此以後，他便以上賓之禮對待毛遂。

毛遂在平原君門下三年而一事無成的時候，正是抓住了使團成員空缺的機會，展露出自己的能力，從而獲得平原君的重用並留名青史。

由「毛遂自薦」這則故事可以得知，當能顯示自己才能的機會出現時，千萬不放過，更不要矜持、故作姿態，趕緊抓住機會博得領導者或上司的賞識，才能在今後的事業道路上鵬程萬里。

抓緊機會表現，努力迎合上司期待

若能在上級的栽培下有長足進步，就代表上級慧眼獨具。如果辜負了他們的期望，令他們臉上無光，那無異於自毀前程，將來必會悔之不及！

和珅是清朝乾隆皇帝時著名的寵臣，年紀輕輕就飛黃騰達，三十歲左右便擔任文華殿大學士、軍機大臣、內務府領侍衛內大臣、戶部尚書、吏部尚書等十餘個重要官職，一時權傾朝野，被人稱作「二皇帝」。

和珅何以受到乾隆皇帝如此寵愛？何以能夠如此迅速地平步青雲？這點一直受到專家學者多方猜測。

和珅的父親曾經擔任正紅旗的一個副都統，和珅二十歲那年，繼承父親留下來的「三等輕車都尉」爵位。又過了三年，他被任命爲乾清宮三等侍衛，每天工作就是當乾隆皇帝的隨從和儀隊。可是，皇上的隨從有上千人，這些人還要每個月換班輪流侍駕，要想接近皇上並獲得青睞談何容易？

和珅究竟是如何得到乾隆的注意？關於這點正史裡沒有記載，但一本叫《庸庵筆記》的野史上說，某日乾隆要外出時，卻不知怎地找不到馬車的黃蓋，這令乾隆大怒，向左右責問道：「這是誰的過錯？」

身邊的侍衛都嚇得不敢出聲，此時和珅應聲說：「執掌此事的人難辭其咎！」乾隆於是注意到了這個與眾不同的年輕侍衛，此後便對他多加留意，不久就升遷了他的官職。

還有另一種說法是，有一天乾隆出巡時在轎中背誦《論語》，突然忘了下文，一時沉吟不語，這時跟在轎子後面的和珅順口背了出來，這令乾隆相當高興，從此對他另眼相看。

究竟是哪一種經歷讓和珅脫穎而出，現在已經無法考證了，但不論是哪種，都說明和珅敢於在皇帝面前表現自己。如果他也像其餘侍衛一般低頭不語，便會永遠淹沒在眾人之中，得不到皇上的賞識。

同理，現實生活中，尤其在職場上，要隨時把自己的特點展現出來，讓領導者和上司覺得你與眾不同，特別有才華與能力。如此一來，你就擁有比他人更多得到賞識和重用的機會。

表現出自己與眾不同的特點與能力，往往能贏得上司關注的目光，甚至獲得栽培。那麼，這時是否能夠不負上司的期望，表現出獨當一面的能力，就成爲能否進一步獲得提攜的關鍵。

三國時代的吳國大將呂蒙少年時只是一員莽將，做事果敢大膽，每次打仗都衝鋒在前，屢立奇功，甚得吳主孫權的賞識。

孫權很想提拔這名將領，但又覺得他不愛讀書不懂兵法，終究難成大器，因此有一次，找了個機會對呂蒙和蔣欽兩個人說：「你們兩個現在都手握兵權，應該多讀書學習，增長知識。」

呂蒙回答說：「軍中的事務每天都很繁忙，哪還有空閒時間讀書呢？」

孫權說：「我並不是要你研讀經書當個博士，只不過要你讀些史書知道歷史罷了。而且你再忙，會比我還忙嗎？我要處理的事務比你繁雜多了，你們兩人都很聰明，學必有所得，應該抓緊時間，多讀兵法、史書，增長知識。」

受到孫權教誨的呂蒙感到十分慚愧，自此開始發奮讀書。由於他讀了大量的兵書和史籍，此後見識大增。

起初魯肅見呂蒙缺少知識，認為他只不過是個魯莽無知的武將，並不重視他。不過，魯肅代替周瑜領兵後，認知有了改變。

有一次，魯肅因公務拜訪呂蒙，呂蒙設酒席款待。兩人酒酣耳熱之際，呂蒙問魯肅說：「君受重任，與蜀漢關羽為鄰，有什麼計策能防止不測之禍發生呢？」

魯肅隨口回答：「見機行事，到時候再說吧！」

呂蒙說：「現在蜀吳兩家雖是同盟，但關羽是如猛獸一般的勇將，哪能不早謀對策呢？」於是，便為魯肅謀劃了五條計策。

魯肅聽完大驚，想不到呂蒙竟胸懷如此奇謀，便拍著呂蒙的背說道：「我原來以為兄弟你只有匹夫之勇，想不到現在你的學識如此廣博，已不再是昔日的吳下阿蒙了啊！」

由於呂蒙接受了孫權的教誨，並根據指示苦讀兵書，讓人刮目相看，後來也得到孫權進一步的信任和提拔。魯肅死後，呂蒙擔任吳國全軍的總司令，並巧施奇計從關羽手中奪回了荊州。

由呂蒙的故事可知，受到領導者或上級的栽培時，一定要心懷感激地接受對方的建議，並把握這些機會好好努力。若能在上級的栽培下有長足進步，就代表上級慧眼獨具。如果辜負了他們的期望，令他們感到識人不明而臉上無光，那無異於自毀前程，將來必會悔之不及！

花點心思，就能受到賞識

有本領的人如果在表現優異之餘，還能在人際關係上花點心思，那麼受到領導者和上司的賞識絕非難事，脫穎而出也是早晚的事。

如果身處一個主管眾多、人際關係複雜的大型企業中，面對檯面下關係錯綜複雜的小團體、各懷心機的各層主管、頻繁調動的人事關係，該如何自處才能獲得上司賞識和提拔呢？

在這種情況下，一味埋頭苦幹自然不是一個好辦法。

在一個蘊含諸多矛盾與複雜關係的環境中，要想左右逢源並受所有人稱讚，實在不是一件容易的事，但在歷史上，卻有一個叫馮道的大臣成功辦到。

馮道活了七十三歲，共歷經四個朝代，侍奉八名皇帝，而且在爲官的經歷中始終身居高位，最後享盡天年而死。

安史之亂以後，天下藩鎮割據、分崩離析，再加上唐朝末年爆發的黃巢之亂，整個中國分裂爲十多個大大小小割據政權，這些政權互相攻殺、刀兵四起，使得民不聊生。生逢亂世，能做到明哲保身已相當不容易，可是馮道卻多次在皇帝易主、政權更替的政治環境下得到「新老闆」重用，可見他確實有獨到的辦法。

那麼，馮道是怎麼辦到的呢？

首先，他生活儉樸、潔身自好，一不好錢、二不好女人，這使他的政敵抓不到他的把柄，也博得不少人的讚美。

例如，《舊五代史》上說，馮道隨軍打仗的時候，都住在茅草房裡，也不設床鋪，就在地上鋪著乾草睡覺。他手下的將領把打仗擄掠來的美女送給他，他都推辭不受，還把這些女子安置在其他房子裡，然後尋訪她們的親人將其送還。

其次，馮道雖然身居要職，但少談兵事、少握兵權。因爲那時天下大亂，凡是手握重兵的人都難免有當皇帝的野心，如後晉、後漢、後周的開國皇帝，都是推翻在位者自立爲王。馮道認爲兵凶戰危，想多活幾年還是遠離這些麻煩事比較好。

後晉的皇帝石敬塘曾經問他一些軍事問題，馮道說：「陛下您歷盡艱辛開創大業，您的神武睿智天下皆知，所以行軍打仗的事須由您自己決定比較妥當。臣本是書生，只會舞文弄墨，能夠遵守歷代成規，不敢有一毫之失就不錯了。前朝的皇帝也曾問我類似這些問題，我當初也是這麼回答的。」

結果，石敬塘對這番答覆深表同意。

第三點也是最重要的一點是，就是不論由誰當「老闆」，馮道都盡心盡力地侍奉君主，該進諫的時候也會勇於進諫，但進諫後皇帝不聽也就算了，不會固執到拿腦袋開玩笑。

在馮道看來，所有皇帝都半斤八兩，所以他也不遵循什麼「忠君不二」的原則。他曾在一首詩中寫道：「但教方寸無諸惡，狼虎叢中也立身。」由此可以看出他爲人處世的態度。

晚年的馮道號稱「長樂老人」，靠著左右逢源的本事，爵位封到國公，食邑封到一萬一千戶，勳位封到「上柱國」，可謂位極人臣了。

馮道左右逢源的三大辦法，值得現代人學習。身處關係錯綜複雜的職場上，要想獲得每位上司的喜愛進而受到提拔，就要像馮道這樣，不但潔身自好，盡力做好分內的工作，也從不管決策階層的任何事，以顯露自己沒有「篡位」的野心，這種聽話的下屬自然會受到所有上司喜愛。

只是，左右逢源的態度固然可以獲得領導者和上級的歡心，但也要以眞本領爲基礎才行，如果馮道只是單純的馬屁精，絕不會爬到位極人臣的地位。因爲一個朝廷要運作、一間企業要發展、一個單位要生存，終究還是得靠有本領的人才支撐。

有本領的人如果在表現優異之餘，還能在人際關係上花點心思，那麼受到領導者和上司的賞識絕非難事，脫穎而出也是早晚的事。

摸清人情世故，鋪設晉升之路

辦事幹練卻不邀功、不驕傲是受領導者賞識的重要因素之一，如果在工作上做出了一點成績就居功自傲，就會被認為難成大器，從而斷絕晉升之路。

經營人脈就是經營未來，一旦人脈豐沛，你就能得到想要的機會；摸清了人情世故，就等於爲自己鋪設晉升之路。

美國總統小布希曾經開設了一家石油探測公司，但是卻因爲一直沒有找到石油，公司差點宣告倒閉。就在危急之際，他得到某些貴人幫助，說服另一家實力雄厚的石油勘探公司買下了這家搖搖欲墜的石油公司。轉眼間，小布希不僅名列股東委員會，還擁有了價值不斷增長的股票。

由此可見，想在商場上有一番成就，就必須擁有豐沛的人脈，如此方能在關鍵時刻幫助自己更加成功，或是脫離險境。

機遇常常來自於平日的交際，想要建立有效的人脈，你可以從自己能夠掌握的人際關係開始，而且越早行動對自己越有利。

《紅樓夢》裡最能幹的人是誰？

當然是榮國府的「總經理」王熙鳳了，靠著她對人情世故的練達、對俗務家事的熟稔，將龐大的榮國府打理得井井有條。可是，當她面對賈母和王夫人這兩個「董事長」時，從來不露出一點驕傲之態。

像是賈珍央求王熙鳳幫忙管理寧國府的家事，並且拿出對牌（相當於總經理的公章）給她時，王熙鳳便不敢接，只是看著王夫人，直到王夫人說：「你大哥既然這麼說，你就照看照看罷了。」才算答應。

由此可以看出，王熙鳳一直在表面上保持著對「董事長」的敬意，不敢隨意自行做決定或處理分外的工作。

但對於賈府裡一大群丫鬟來說，王熙鳳又是她們的「老闆」。再能幹的老闆也不可能只靠自己處理全部事務，所以王熙鳳需要在這些丫鬟中挑一兩人當自己的幫手，那麼王熙鳳提拔人的標準又是什麼呢？

這點可從小紅升遷的過程看出端倪。

小紅是侍奉賈寶玉的一名小丫鬟，雖然聰明伶俐，但受到晴雯、麝月、秋紋等幾個「一等丫鬟」排擠，所以連她的主人賈寶玉都不認得她。

一直鬱鬱不得志的小紅在一個偶然的機會裡，受到王熙鳳的差遣到處去傳話。

雖然只是傳話這種看似簡單的工作，但是，想絲毫不差地將王熙鳳的意思正確傳達下去可著實不簡單。

小紅辦完事向王熙鳳彙報時，說了「奶奶爺爺的」等一大堆稱謂（由於賈府人員眾多，凡是女主人，小紅都要稱呼為奶奶，所以小紅的一段話裡有奶奶、二奶奶、五奶奶、舅奶奶四種稱呼），結果竟然連大觀園的管家李紈也聽不懂。

王熙鳳誇獎小紅道：「好孩子，難為妳說得齊全，不像她們扭扭捏捏像蚊子似的。」又說：「這個丫頭好，剛才那些話雖不多，但口齒很伶俐。」

這足以證明小紅是一位聰明幹練的「好員工」，所以「老闆」王熙鳳就提拔她做自己的貼身丫鬟。

小紅得到提拔後卻不從此驕傲自滿，只說：「跟著奶奶，我們學些眉高眼低、出入上下，大小的事兒也得見識見識。」

從此，小紅便成為王熙鳳的主要助手。

由此可見，辦事幹練卻不邀功、不驕傲是受領導者賞識的重要因素之一，這樣會讓人覺得這名下屬成熟可靠，能夠擔當更大的任務。

如果因爲在工作上做出了一點成績就居功自傲，甚至看不起周遭同事，不聽從領導者的指示，那麼就會被認爲難成大器，從而斷絕了自己的晉升之路。

用心經營自己與上司之間的關係，並且保持溫和謙遜的態度，可以帶給你更多升遷機會。上司願意信任你，你得到的磨練就越多，能力與經驗就越快提升，自然能夠更快速脫穎而出。

04

態度誠懇，才能贏人信任

求人幫助時，如果遭到對方嚴詞拒絕，

千萬不要輕言放棄，要用鍥而不捨的誠意感化對方。

這麼一來，即使是脾氣再傲的人，也會被說服。

態度誠懇，才能贏人信任

求人幫助時，如果遭到對方嚴詞拒絕，千萬不要輕言放棄，要用鍥而不捨的誠意打動對方。這麼一來，即使是脾氣再傲的人，也會被說服。

每個人的社會地位、成長環境、知識經驗、脾氣性格都不同，面對同一件事情時，反應也不盡相同。因此，想要借用他人之力幫助自己時，必須根據每個人的不同特點選擇不同求助策略，如此才能保障「人脈運用」成功。

在向他人尋求幫助時，有些人的自尊心很強，性格又比較急躁、直率，如果不直接和他說明情況，拐彎抹角地提出請求，反而會引起對方反感。

面對這種人，就要採取「單刀直入，示之以誠」的策略。

「單刀直入」，是指明確、開門見山地提出請求對方協助的要求，至於「示之以誠」，則是誠懇表達自己對對方協助的迫切需要，用眞切的誠意打動對方。

這個策略看似簡單，實際上卻不容易。因爲許多人請求他人幫助時，並非本著誠心誠意，往往是將對方看成一件可供利用的工具。

但是，用這種態度向提人提出請求，往往使對方留下不好的印象，因而下次需要對方的協助時，多半不會得到對方首肯。

在美國，約莫有五千多家大型服裝公司，彼此競爭異常激烈殘酷，幾乎每天都有服裝公司破產倒閉。

在這個充滿血腥味的戰場裡，時裝大王大衛．史瓦茲的服裝公司卻能由小變大、後來居上，這和他誠懇的態度有很大關係，使他經常得到他人的協助。

大衛．史瓦茲出身寒微，十五歲就輟學自謀生路，十八歲進入斯特拉根服裝公司當業務員。經過數年含辛茹苦的奮鬥之後，史瓦茲決定用積蓄自己開一家服裝公司。

於是，他和一個朋友合夥，以七千五百美元開辦一家小型服裝公司。公司雖然很小，但對於史瓦茲來說，無疑是非常重要的開端。

史瓦茲將全部精力都投入這家名叫約南露珍的服裝公司，在他的出色經營以及原來老闆斯特拉根的無私幫助下，公司一開始發展得很順利，生意也相當不錯。然而不久，公司的發展速度開始減緩。

分析問題之後，史瓦茲認為這是因公司設計的服飾沒有特色的緣故，當務之急，就是得聘請一位優秀的設計師，設計出別人沒有的新產品，才能在競爭激烈的服裝業中脫穎而出。然而，要去哪裡找這樣優異的設計師呢？為此，史瓦茲常常夜不能寐，苦惱許久。

某天，史瓦茲出外辦事，突然發現一位少婦身上的藍色時裝十分新奇，竟不知不覺地緊緊跟在她身後，少婦以為他心懷不軌，便轉身大聲責罵他。史瓦茲這才發覺自己的行為實在太唐突了，連忙向少婦道歉和解釋。

少婦心中的疑團解開後轉怒為笑，並告訴史瓦茲這套衣服是她丈夫設計的。

史瓦茲一聽，馬上決定聘請她丈夫做自己的設計師。

第二天，史瓦茲按照少婦告訴他的地址，去找那位名叫杜敏夫的人。為了表示自己的誠意，他還帶了幾套自己設計的衣服請他評點。

杜敏夫十分驕傲，一看到史瓦茲的衣服，毫不客氣地說：「你這些衣服都是三流設計師設計的，也許你的公司裡根本就沒有設計師。」

史瓦茲並不在意杜敏夫這樣當面損人，反而認為他的話很有見地，還認真和他討論。

可是杜敏夫竟然十分狂妄地說：「老實說，我真不把你們這些服裝業的老闆放在眼裡。你們這些人中有幾個真懂設計呢？恐怕連美感的觸角都還沒長出來呢！」

從交談中，史瓦茲深知此人清高孤傲、自負暴躁，但他又知道，這個人相當有才華，如果聘請他當設計師，肯定會為公司帶來極大收益。

於是，史瓦茲以誠懇的態度提出邀請，沒想到杜敏夫竟勃然大怒，說自己寧願餓死也絕不做設計師。史瓦茲知道自己現在沒辦法說服他，只好暫時離開。

回公司後，史瓦茲經過一番調查後得知，杜敏夫果然是個很有才華的人，他精於設計，曾在三家服裝公司工作，但每次工作時間都未超過一年。

他離開這些服裝設計公司的原因也非常簡單，就是因為他是個自尊心很強的人，當他提出一個很好的設計方案時，不懂設計的老闆不僅不給予嘉許，反而挑三揀四、胡亂批評，甚至蠻不講理地訓斥一番。

杜敏夫無法忍受這種情況，乾脆一走了之。以往這些工作經歷使他變得心灰意冷，從此不再做服裝設計工作。史瓦茲從小就自謀生計，飽受世態炎涼，因而對杜敏夫的遭遇感到同情時，也十分理解他的心理感受，而且更加堅定自己聘用他的決心。

然而，當他第二次登門拜訪時，杜敏夫卻閉門不見，還高聲辱罵史瓦茲，令史瓦茲十分難堪。於是，史瓦茲到斯特拉根那裡就此事求教。

斯特拉根說：「這人的脾氣很差，很難相處，用這樣的人有風險啊！」

「只要真有本事，脾氣大一點我不在乎。」史瓦茲答。

「你真有這種度量嗎？假若他指著你的鼻子大罵，你也不在乎嗎？」

「是的，只要他不是無理取鬧。」史瓦茲十分肯定地回答。

「好，好！」斯特拉根用讚許的口吻說：「你只要保持這種精神，將來的事業必定不可限量。你的眼光不錯，杜敏夫是個人才，只是我已經沒有精力善用他了。只要你會用他，他很可能有出人意料的表現。」

這位老人最後還語重心長地說：「你要記住，經營一間公司是不能唱獨角戲的，不但要有傑出的領導人才，更要有優秀的員工。你知道為什麼有些大公司漸漸衰敗，有些小公司卻迅速崛起嗎？關鍵就在領導者用人的觀念。如果你在用人時，老是抱著『只要我有錢就請得到人』的心態，你一輩子也無法得到一名真正的人才。因為真正有才華、有抱負的人，不會為了那一點點薪水就對主管唯命是從。」

史瓦茲明瞭老人這番肺腑之言，下定決心一定要聘請杜敏夫。

於是，史瓦茲多次拜訪杜敏夫，這種求賢若渴的誠意，終於打動杜敏夫。史瓦茲第五次拜訪杜敏夫時，杜敏夫接受了史瓦茲的聘請，擔任公司的服裝設計師。

杜敏夫的才華果然不凡，建議採用當時最新的衣料「人造絲」製作時裝，並且設計出好幾種極受歡迎的服裝款式。史瓦茲是第一個採用人造絲當衣料的人，由於搶先一步，因而引領服飾業潮流，約南露珍服裝公司的業務也蒸蒸日上，不到十年的時間，就成為服裝行業中的霸主。

史瓦茲五次拜訪杜敏夫，用誠意打動了對方，使對方甘於爲己所用。

其實，凡是有能力的人，都不願意讓自己的才能埋沒，只是強烈的自尊不允許他們隨隨便便被人使喚。所以，求人幫助時，如果遭到對方嚴詞拒絕，千萬不要輕言放棄，要用鍥而不捨的誠意打動對方，使對方了解你是多麼看重他、需要他，是個「識貨的」人。

這麼一來，即使是脾氣再傲、再差的人，也會被說服。

有物質回饋，才有再次合作的機會

每個人都有私心，要想獲得他人無私的幫助並不容易，所以，若想確實得到他人相助，就應以「雙贏」為目的，更要確實給予對方物質上的回報。

人類社會充滿競爭，不管什麼類型的競爭場合，每天都在上演著優勝劣敗的殘酷淘汰。或許，我們無法改變現實的競爭環境，但可以選擇和控制自己的態度，學習生存法則，透過自己的人脈經營術，智慧且從容地面對競爭。

人與人之間的溝通具有雙向交流的特徵，任何一方發送資訊，都要從另一方得到反饋，這種溝通才能夠持續進行下去。運用人際關係也是如此，若因有求於人而借助了對方的力量時，必須要相應地給予對方適當的回報以表達感謝之情，這樣才能使彼此的關係得以穩固、健康的發展。

天下熙熙，皆爲利來；天下攘攘，皆爲利往。人活著，必須考慮自己的個人利益問題。尤其是在商品經濟高度發展的今天，幾乎每一樣東西都可以當成商品交換，純粹爲了「急人所急、救人危難」而無私幫助他人的人越來越少。

向他人求助的時候，他人之所以願意幫忙，除了所謂的「面子」、「人情」因素之外，還是指望能獲得些許利益。因此，向人求助時必得達到「雙贏」的結局，因爲透過雙贏使對方得到的利益本身就是回報的一部分。

就算對方在幫助自己的過程中沒有得到實惠，也應該在事後對他進行相應的補償，這才能使彼此之間始終維繫著良好的關係，並爲下次合作奠定良好的基礎。

如果不這麼做，必然會挫傷對方熱心助人的積極性，他日一旦再有所求，就不會輕易獲得對方首肯了。

秦朝末年，天下大亂，各路諸侯共同起兵反秦，其中以劉邦、項羽兩家最為強大，兩人約定先入關中者為王。

劉邦避實就虛，從防守力量薄弱的武關進入關中，接受了秦王子嬰的投降佔據咸陽。等到在鉅鹿之戰中消滅秦軍主力的項羽想入關之時，卻發現劉邦派人把守住函谷關不讓他進去。

大怒之下的項羽領兵擊破函各關守軍，來到咸陽附近的鴻門，準備一舉消滅劉邦。當時項羽有兵四十萬，又因剛戰勝秦軍士氣高漲，劉邦的兵力卻只有十萬人，此時若雙方交戰，劉邦必敗無疑。

在這個關鍵時刻，有一個人充當了劉邦的「救世主」，此人就是項羽的堂叔項伯。項伯早年曾經因殺人被判刑，後為張良所救，當時張良正在劉邦軍中。

為了報答當年的救命之恩，項伯半夜悄悄騎馬來到劉邦的陣營中，私自會見張良，將項羽準備明天一早發動攻擊的消息透露給張良，並勸他盡速離去，不要陪著劉邦送死。可是，張良不肯背叛劉邦，立即把這個消息告訴劉邦。

劉邦一聽大驚失色，連問：「這該怎麼辦啊？」

張良說：「沛公，您覺得自己能擊退項羽嗎？」

劉邦沉默半晌，才說：「肯定不能啊，我該怎麼辦呢？」

張良於是勸劉邦跟項伯打好關係。劉邦立刻會見項伯，而且稱呼項伯為「兄長」，又擺下酒宴為項伯祝壽，甚至還與項伯結為親家。

酒宴上，劉邦信誓旦旦地說自己絕對不敢背叛項羽，又請項伯轉告項羽，自己派人把守函谷關只是為了防範盜賊和變故發生，絕不是想把項羽關在關外，明天一早自己就會到項羽的帳前請罪等等。

項伯回到軍中後，將劉邦的話轉告項羽，項羽便取消了原本的進攻計劃。

第二天，劉邦果然帶領一百多名隨從來到鴻門，向項羽請罪，這就是歷史上著名的「鴻門宴」。

宴會上，項羽的謀士范增曾派項莊以舞劍為名，伺機刺殺劉邦，但是項伯挺身而出，化解了劉邦又一次的危機。

由於項伯從中作梗和項羽優柔糊塗，劉邦最終從鴻門宴中有驚無險地逃出來。後來，項羽分封天下，把劉邦封到偏遠的巴蜀。

在鴻門宴之後，劉邦賜給張良「金百鎰，珠二斗」，然而張良卻將這些財寶全部給了項伯。因為，張良知道，雖然項伯通風報信是為了報恩，但如果自己對他的幫助不再予以豐厚的物質回報，下次再要求項伯幫忙可就難了。

結果，項伯心安理得地收下這些財寶，而且再次幫助劉邦在項羽面前請得了漢中之地（今陝西南鄭一帶）。

張良用「金百鎰，珠二斗」的物質回報，換得項伯重要相助，並且最終使劉邦擊敗項羽，奪得天下。

由此可見，物質利益的感謝對於求取他人的再次幫助，具有多麼重大的作用。每個人都有私心，要想獲得他人無私的幫助並不容易，所以，若想確實得到他人相助，並且下次還有機會得到對方幫助，就應以「雙贏」爲目的，更要確實給予對方物質上的回報。

彼此互助，他人當然樂於提供幫助

若是對他人的幫助不知回報，彼此間的關係可能就此斷絕。所以，「知恩圖報」不僅是種良好人格的展現，對於維繫人脈也有莫大幫助。

一般來說，向他人請求協助時，必須給予對方物質上的回饋，但在兩種情況下並不需要用金錢的形式表示自己的感謝之意。

一種情況是，對方是一位品格高尚的人，幫助人純粹是出於「助人爲樂」的善良心態。此時，如果用金錢、財物等物質的方式表示感謝，反而會讓對方覺得這是對他人格上的侮辱。

第二種情況，是對方基本上沒費什麼力氣，也對自己沒有太大的幫助。這種情況下，只需要表達心中的感謝之情就好，不必給予豐厚的物質回報。

但是，不論是在何種情況下，就精神層面上對對方的幫助表示感謝，亦即用誠摯的態度、眞心的言詞表達謝意，都是十分重要的事。

每次舉行奧斯卡、金球獎、葛萊美等影視音樂大獎的頒獎典禮時，都會看到得獎人發表他們的得獎感言。此時，觀衆們聽到最多次的辭彙就是「感謝」。感謝導演、感謝編劇、感謝製片人、感謝每一位配角演員、感謝自己的化妝師、感謝所有朋友的鼓勵、感謝所有影迷或歌迷的支持……等等，每一個得獎者都唯恐自己的感謝辭中遺漏應該感謝的人。

這是因爲，每一個獎項都是集體合作的成果，得獎人只不過是做了更多的工作而已。發表得獎感言的時候表達自己的感激之情，雖然不能給幫助自己的同事們帶來任何物質上的利益，卻能夠給他們極大精神上的回饋，表示自己尊重他們的勞動，承認他們的成果，而且有利於和他們進一步合作。

日本大多數企業都會在年終的時候舉辦對員工的答謝晚宴。宴會上，常常是董事長、經理等上司對下屬員工敬酒、道謝。員工們大爲感動的不是因爲免費的酒菜，而是因爲得到上司們精神上的回饋。

同樣，許多商店、超市常常會對老會員、老顧客發放免費的小禮品，以表達自己對他們多年惠顧的感謝之意。其實，那些禮品根本不值錢，但會讓那些顧客感到自己受到重視，往後更願意支持這家商店。

以上幾種情況，感謝的形式甚至比感謝的內容還要重要。所以，千萬不要對那些曾經幫助過自己的人，吝嗇任何口頭上或精神上的回饋。

對所有幫助過自己的人來說，最好的感謝就是在他們遇到困難的時候，自己也用適時的幫助加以回報。

古往今來，「知恩圖報」、「滴水之恩當湧泉以報」，都被視爲「情義」的重要表現。至於「忘恩負義」、「以怨報德」的人，則長久被衆人鄙夷和譴責。

除去傳統道德不談，單從現實利益的角度考慮，回報幫助過自己的人至少有兩點好處。第一是使兩者之間建立健康、良好的交情，形成一個持續的「雙贏循環」，使雙方都能從長期合作中不斷得到利益。

第二是這種回報行爲，會使周圍人都認爲此人是一個可靠、重情義的人，從而增強自己的個人魅力，自己往後需要幫助的時候，別人更加願意伸出援手。

與此相反，一旦對於曾經幫助過自己的人置之不理、無情對待，不但會失去這個朋友，更會使周遭所有人對自己產生「信任危機」，往後需要他人幫助的時候，旁人就會採取袖手旁觀的冷漠態度。

人與人之間是一種雙向交流的關係，若是能彼此互助，就能使彼此間的關係長長久久，相對的，若是對他人的幫助不知回報，彼此間的關係很可能就此斷絕。所以，「知恩圖報」不僅是種良好人格的展現，對於維繫人脈也有莫大幫助。

針對不同性格，採取不同對策

針對性格不同，向人求助時就要採取不同的策略，向富有同情心的人求助時，就要顯出可憐的模樣；向個性高傲的人求助時，就得適時採用「激將法」。

「惻隱之心，人皆有之」，有些人的感情很容易戰勝理智，容易衝動，往往會出於惻隱、同情之心幫助對方。比如小孩子常常會喚起婦女的母愛、楚楚可憐的女子常常會得到男人的幫助等等，都是類似情況。

對這種人，若是有意識地向對方顯示自己的不幸遭遇，博取他們的同情，往往會比用利益引誘對方，更能得到良好的效果。

在現代商業領域，利用人們的惻隱之心和對弱小者的同情賺取利潤，也是商人們常用的手法。

在加拿大艾德蒙頓市，有一天清晨，鬧區一間店鋪的櫥窗裡忽然傳出了一陣悽楚的求救聲：「救救我吧，快把我從這裡救出去啊！」循聲看去，只見一位美麗的女郎被關在狹窄的櫥窗裡，她的身體被成堆的商品包圍著，絲毫無法動彈。

美女這一求救，自然驚動了過往行人，櫥窗前立即聚集一群人。玻璃櫥窗裡的美女指著她周圍成堆的「運動家」牌香煙，哭泣道：「先生們，如果這些香煙沒賣光，我就沒辦法出去，請幫幫忙，可憐可憐我吧！」

美女的模樣淒婉動人，人們出於本能的憐愛之心油然而生，紛紛購買「運動家」牌香煙。沒過多久，包圍美女的香煙都賣光了，美女這才破涕為笑，開心地喊著：「謝謝各位！謝謝各位！」

然後，這一批顧客剛走，美女又發出了悽楚的聲音說：「救救我吧……」於是，又來了一批新的圍觀者，他們照樣又買走「運動家」牌香煙，「搭救」美女。

原來，這個美女是個製造得維妙維肖、栩栩如生的機器人，用她求救的方式促銷香煙則是商家想出的高招。

雖然是個機器人，但她嬌媚的容貌、甜美的聲音還是能夠激起人們「英雄救美」的念頭。於是當消息傳開後，附近居民都來「搭救美女」，使「運動牌」香煙在五天內就賣出一百萬包。

過一段時間之後，這家商店把玻璃櫥窗裡的機器人撤掉了。雖然再也聽不到美女悽楚的呼救聲，但人們仍然會買「運動家」牌香煙，因為這種香煙的口味純正、價格合理，之前那些顧客已經習慣抽這種香煙。

就這樣，「運動家」牌香煙在市場上站穩了腳步。

由這個成功的推銷例子可知，運用人脈的時候，必須針對性格採取不同對策，若是求助的對象是一個感情豐富、心腸軟的人，就要善用對方這項特點，以弱者的形象呈現在他面前，好博取同情。

不過，也有些人的個性正好相反，很難用誠意、哀求、不幸打動他們冷漠的心。而且，他們又極度自負，認爲自己比他人優秀許多。

面對這種人，如果想借助他們的力量，不妨改採「激將法」，用故意輕視對方、具有挑釁意味的方式刺激他們。

三國時代，諸葛亮率領軍隊進攻漢中，欲奪下魏國大將夏侯淵駐守的定軍山，當時劉備準備派老將黃忠前去攻打。

但是，這時諸葛亮卻急忙制止道：「老將軍雖然英勇，然而夏侯淵卻非張郃可比。夏侯淵深通韜略、善曉兵機，還曾經擊退過馬超，曹操不將此地託付他人，唯獨託付給夏侯淵，正是因為他有將才。老將軍雖然勝了張郃，卻未必能勝夏侯淵。我看不如派人去荊州，請關將軍回來，方可與夏侯淵一戰。」

不服老的黃忠奮然答道：「當年廉頗八十歲時還能食米、肉十斤，令別國不敢侵犯趙國，何況我黃忠還沒七十歲呢！軍師你說我老，我現在不用副將，只領兵三千，就能將夏侯淵的首級取來納於麾下。」

諸葛亮再三不允，但黃忠硬是要去。

深諳激將法的諸葛亮終於在激得黃忠寫下軍令狀的情況下，派黃忠前去挑戰。

結果，黃忠在此役中表現得特別英勇，有勇有謀，定軍山一戰果然殺死夏侯淵。

這是激將法在戰場上的成功運用。

在商場上，激將法同樣是個良好的推銷辦法，特別是在豪華郵輪、高級時裝、珠寶首飾……等奢侈品的促銷過程中，善用人們的攀比心理，用激將法進行促銷是非常有效的方式。

請求他人幫忙之時，有時候也可以適當使用激將法，激發對方的興趣。

艾爾．史密斯擔任紐約州州長時，治下的辛辛監獄的監獄長職位出現空缺。這個監獄的醜聞一直不斷，一向被視為管理者政治生涯的「墳墓」。那時，史密斯需要一個強悍的人物管理監獄，於是想到劉易斯．路易士。

當劉易斯和史密斯見面的時候，史密斯愉快地說道：「我想請你主持辛辛監獄，如何？那裡需要一個像你這樣有經驗的人。」

劉易斯聽了，感到非常為難，他深深知道管理辛辛監獄是件麻煩的工作，幾乎每一任監獄長都曾因為醜聞而被政敵和媒體攻擊，他必須考慮自己的前途，想想是否值得為此冒險。

史密斯看到劉易斯猶豫的態度，就故作輕蔑地對他說：「我一點也不奇怪你會感到如此為難，畢竟，那裡可不是什麼人都能去的地方。」

顯然，史密斯的語氣令劉易斯大受刺激，於是劉易斯答應這份工作並且堅持下去，最終成為那個時代最著名的監獄長。他的監獄生活還被改編成十幾部電影，他推行的監獄「人性化」改革，也成為美國監獄史上重要的里程碑。

針對性格不同，向人求助時就要採取不同的態度、不同的策略，像是向性情善良、富有同情心的人求助時，就要放低姿態，刻意顯出可憐的模樣；但向個性高傲的人求助時，就得適時採用「激將法」。唯有針對對方性格選取策略，才能順利實施「人脈運用術」。

以退為進，化被動為主動

越是向對方大力推銷，對方越會認為這筆交易不單純。在這種情況下，就可採用「以退為進」的策略吊起對方胃口，等待對方自己主動詢問產品的細節。

羅傑．巴布爾曾經這麼說過：「舉凡有錢人，都有一個共同特徵，那就是他們都有一本比磚頭還要厚的名片簿，而且他們都懂得利用這本名片簿來架構讓他們致富的人際網路。」

其實，最有效益的人脈經營術，並沒有特別高深的訣竅，任何人都可以在最短時間之內，建立起無人能及的人脈網路。

當然，建立人脈網路之後，必須對人脈進行最有效益的管理，並且要懂得如何在自己需要幫助的時候靈活運用。

在人際交往中，有些人十分重視自己的個人利益，因而向他們請求幫忙時，他們往往會貪得無饜地索求利益，並且斤斤計較那些利益的多寡。

此時，若態度越是低聲下氣、萬分恭敬，對方越是趾高氣揚、不可一世。對待這種人，有必要使用「以退爲進，欲擒故縱」的策略，化被動爲主動。

某年，台灣一家家用電器生產工廠有一種必須從日本進口的零件庫存即將告罄，僅僅能夠維持一個多星期的生產數量，但是，在此之前與該廠一直合作良好的日本供應商，已經數次延遲出貨，並傳來訊息說：「由於匯率及國際市場的行情發生變化，所以必須提高這種零件的售價，否則本廠將不能保證會按時出貨，甚至可能中斷合作。」

於是，一場艱苦的談判開始了。

台灣工廠的談判代表採取了誠心誠意的讓步策略，期望打動對方，但是日本方面卻得寸進尺，一再堅持大幅提高售價。

台灣工廠的代表又提出了再讓第二步的方案，但日商卻不知見好就收，反而口氣更加強硬，態度更加傲慢。

這時，台灣工廠的代表突然神色一變，目光直視日方代表，用嚴肅且略帶輕蔑的口吻說：「零件的庫存雖然只夠維持三個月的生產，但我們的技術人員已經想出替代方案，可以不用買你們的零件，而且半年後就可以順利實施這項改革方案。雖然成本暫時會提高一些，還得停產三個月，但我們至少可以不受別人制約、不受他人要挾！你們要是沒有合作誠意，我們就沒必要再談了！」

這突如其來的變化和強硬得近乎無禮的態度，使日方代表一時不知所措。這時，聰明的日語口譯員恰到好處地開了個玩笑，化解雙方尷尬。

於是，日本方面要求暫時中止談判，並且緊急向總部請示。後來，當雙方重新坐下來繼續「友好」協商時，日本方面開始讓步，最終雙方在第一套方案的基礎上達成協議。

「欲擒故縱」法在商場上也可以發揮很大的效用，即用表面上不積極推銷的方法達到積極推銷的目的。

有時候，越是向對方大力推銷、滔滔不絕地介紹產品的優點，或是越希望用降價的手段促使對方立刻購買，對方越會認爲這筆交易不單純，不肯輕易點頭。在這種情況下，就可採用「以退爲進，欲擒故縱」的策略吊起對方胃口，等待對方自己主動詢問產品的細節，這會使最終銷售業績更好。

但需要注意的是，「以退爲進」的最終目的是「進」，「欲擒故縱」的最終目標是「擒」，所以在使用這種策略的時候，必須掌握火候和力度。否則，如果讓對方認爲這種態度是「拒人於千里之外」，那就會適得其反，結果是搬石頭砸自己的腳。

「以退爲進，欲擒故縱」策略的適用對象，最好是那些自以爲是、虛榮心強、傲慢自大又好貪小利的人，這能使這種策略發揮最大的效力。

情非得已，才可「上屋抽梯」

借人時不得已使用「上屋抽梯」的策略，事後必須要以相應的利益作為補償，否則雙方之間的關係會成為「不可再生資源」，對人脈網路造成巨大傷害。

在人際交往中，如果面對的是聰明謹慎、絕不輕易提供幫助的人，那麼，可以選擇「上屋抽梯，斷其歸路」的策略，強迫對方接受自己的請求。

當然，由於這種做法的強迫性較大，會逼使對方出於無奈做出違背自己意願的事，難免會使對方感到不快甚至氣憤，這就需要事後對此予以彌補。

這種做法是在走投無路下，不得已採用的辦法，使用時千萬要小心慎重。

據《三國志》記載，劉備和諸葛亮投奔荊州牧劉表時，劉表已年老多病，想從自己的兒子中選擇一個擔任自己的繼承人。由於受到後妻的影響，劉表十分喜歡他的小兒子劉琮，不喜歡長子劉琦，再加上劉琮的母親和舅舅蔡瑁一直想除掉劉琦，使勢單力孤的劉琦處於極大的危險之中。

劉琦深知諸葛亮的智計無雙，多次想向他請教如何才能自保，但不願意捲入他人家庭紛爭的諸葛亮每次都搪塞敷衍，不幫他出謀劃策。

有一天，劉琦請諸葛亮到家中作客，帶他到後花園遊玩，並在樓台上飲酒。兩人聊得正愉快，劉琦卻暗中叫人把下樓的梯子偷偷拿走。

這時候，劉琦哀求道：「現在這裡上不著天，下不著地，言出於你口，只入於我的耳中。先生難道還不肯告訴我一條自保之計嗎？」

諸葛亮看這情況，知道無法脫身了，便為劉琦講述春秋時代「申生在內而危，重耳在外而安」的故事，暗示劉琦應該遠離荊州城這個是非之地，暫時逃到外地。最終，劉琦按照諸葛亮的計策，終於避免殺身之禍。

劉琦是「上屋抽梯」這個計策的發明人，這個計策雖然不太正大光明，甚至有點近似無賴的伎倆，可是卻十分有效，連三國裡智謀第一的諸葛亮也中了圈套。

使用這種計策的關鍵在於，先讓對手「上屋」，然後偷偷「抽梯」，使對方無路可退，不得不乖乖就範。

「上屋抽梯，斷其歸路」的策略不只中國人會用，西方國家的許多商業精英們也深諳此道。美籍猶太人約瑟夫．赫西洪正是依靠這個策略，得以在股票市場上大發利市，最終成爲億萬富翁。

約瑟夫．赫西洪於一八九九年出生在東歐拉脫維亞共和國的一個貧窮村莊裡，年幼喪父，六歲時和兄弟姐妹們在母親帶領下，搭乘火車和船，輾轉來到美國紐約市的布魯克林，在一間租來的房子裡過著極為辛酸艱苦的生活。

十五歲時，約瑟夫．赫西洪成為一家證券公司的圖表員，專門繪製各種股票曲線和圖表，這是他操縱股票生涯的開始。十七歲那年，他成為一名股票經紀人，經過股票市場上的幾次慘敗後，鍛鍊出準確的判斷力和鋼鐵般的神經。

一九二九年是美國股市歷史上最熱鬧的一年，由於美國經濟迅速起飛，股票市場十分活絡，「不論是醫生或屠夫都放下手中的工作，加入買賣股票的行列，那是一個瘋狂的時刻。」赫西後來回憶說。

在這瘋狂的一年裡，赫西洪保持一貫的冷靜態度，從人們瘋狂的眼神和漲紅的面孔裡，預感暴風雨即將來臨。於是，赫西洪把手中所有股票悉數出售，賺得四百萬美元，這是他當初買入金額的十倍。然後，他帶著這一大筆錢躲到加拿大。

赫西洪剛到加拿大不久，華爾街就傳來美國股市暴跌的消息，所有股票的價值一落千丈，連美國銀行都因股市暴跌而倒閉關門，整個資本主義歷史上最大的一次經濟危機爆發了！這時，赫西洪既感到慶幸又有些惶恐。

在加拿大多倫多待了一段時間後，赫西洪又開始從事股票投機生意，只不過這次他準備將賭注押在礦業股票上。經他多方面探查，找到岡那爾金礦這個目標。

岡那爾金礦是一對叫拉班的兄弟倆開的，由於還沒挖掘到金礦，又有資金短缺的問題，所以赫希洪以〇・二美元一股的低價買下六十萬股，加入拉班兄弟的行列。結果幾個月後，岡那爾金礦中挖出金子，股票也上市了，僅三個月內股價就直線上升到每股二・五美元。

這時，赫西洪知道是時候了，於是立刻「上屋抽梯」，悄悄將股票賣出，將風險留給那些蜂擁而來、爭租購買股票的投資者。不到半年的時間，赫西洪就賺到一百多萬美元，這使他決定在礦業領域裡長期發展。

此後的歲月裡，赫西洪如法炮製，又從許多礦業股票中賺到鉅額財富。每一次他都以獨到的眼光專門選擇一些「廢礦」，以極低價格買進大量股票。

當眾人爭相搶購，股票價格不斷上漲以後，赫西洪又把股票全數拋售。等到一湧而上的追隨者猛然發現股票大跌時，後退的「梯子」卻已經不見了，不得不在「高處」承擔風險。

不過，人際關係畢竟不同於股票市場，借人時不得已使用「上屋抽梯」的策略，事後必須要以相應的利益作爲補償。

而且，這種策略只能在同一個人身上使用一次，否則雙方之間的關係會成爲「不可再生資源」，對人脈網路造成巨大傷害，最後可能使人得不償失。

05

分析好壞處，說服對方出手相助

人與人之間的利益糾葛太複雜，尤其在商場上更是如此，

所以有時很難用求情、喚醒對方同情心的方式得到實質幫助，

反倒是用「以利害明之」的手段，更容易說服對方。

以情動人，喚起對方同情心

尋求他人的幫助時，千萬不要忘記「以情動人」這種有效的說服手段。特別是對那些和自己關係不錯的朋友，這種方法必會令他們無法拒絕請求。

除了借助他人獲取資訊情報、傳達個人意見、進行有效宣傳以外，人脈經營術的另一個重點，就是當自己遇到問題無法解決、遇到困境無法擺脫的時候，請他人伸出援手，直接幫助自己解決難題、脫離困境。

就這點而言，往往要求對方付出較大的努力和代價，因此這也是最能檢驗人脈網路成功與否的時刻。

「天有不測風雲，人有旦夕禍福」，很少人能在事業的道路上永遠一帆風順，沒有遇到任何困境。一旦由於失誤或者是不可預測的外力，導致自己處於危機之中，就應該及時向朋友發出呼救聲音。

當然，在他人的幫助下度過難關以後，也不要忘了對幫助過自己的人投以慷慨的回報。

只是，向旁人發出求救訊號時，可能因某些因素，導致他人不願慷慨提供幫助。這時，絕不能就此灰心，要懂得善用各種說服手段，爲自己爭取盟友與幫助。在這些說服手段中，「以情動人」是很常見又極有效的方法之一。

春秋時代，楚國人伍子胥的父親由於牽涉楚平王與太子之間的矛盾而被楚平王殺害。被迫流亡國外的伍子胥在出逃前，對他的好友申包胥說：「我一定要打敗楚國，為我父親報仇！」

身為楚臣的申包胥望著這個因為仇恨必須從此與自己分道揚鑣的好友，無奈又堅定地說：「我一定會保護楚國！」

逃亡的伍子胥歷經一段顛沛流離的生活，先後投奔宋國、鄭國、晉國，最後才到吳國，並得到公子光的重視。伍子胥發現公子光胸有大志且不甘久居人下，一直在覬覦表哥吳王僚的位置。

於是，伍子胥便將把他在民間結識的刺客專諸推薦給公子光。五年後，專諸利用在魚腹中暗藏寶劍的方法刺殺吳王僚，公子光於是成為新的吳王，即吳王闔廬。由於擁立有功，伍子胥受到吳王闔廬的重用，經常參與國事。

吳王闔廬是一個充滿野心的人，也十分重視人才，手下除了伍子胥以外，還有一名中國古代最優秀的軍事家孫武。

在伍子胥、孫武幫助下，吳國的軍事力量迅速強大，終於在西元前五〇六年，經五戰五捷後攻入楚國的都城郢都。

吳兵進入郢都後，報仇心切的伍子胥四處尋找當時在位的楚昭王，但楚昭王已經逃離都城。滿腔怨恨無處發洩的伍子胥，於是派人掘開自已殺父仇人楚平王的墳墓，拖出他的屍體鞭屍三百下才罷手。

當時，逃入深山的申包胥聽到伍子胥掘墓鞭屍的消息後，派人對伍子胥說：「雖然平王和你有殺父之仇，但他人已經死了，你畢竟還曾經做過他的臣子，又何必非要折辱他的屍體呢？你這樣做實在太過分了！你就不怕上天發怒嗎？」

但是，伍子胥回答：「太陽雖然就要下山了，我卻還有很長的路要走。我這樣倒行逆施，就是想在太陽下山之前把路走完啊！」

立誓重建楚國的申包胥於是西入秦國求救，希望借助秦國強大的兵力趕走吳兵，然而秦國又何必為了與自己毫不相關的楚國勞師遠征呢？秦哀公沒有答應申包胥的請求。

申包胥「立於秦廷，晝夜哭，七日七夜不絕其聲」，秦哀公終於被申包胥的精神感動了，說道：「楚王雖然無道，但是有申包胥這樣的大臣，難道能讓它滅亡嗎？」於是，發兵攻打吳國，並在當年六月大敗吳兵。

就這樣，申包胥靠著自己忠君愛國的精神借來秦兵，挽救了自己的國家。

在上述例子中，申包胥最後能夠成功找到援軍，就是因爲他懂得「以情動人」的道理。畢竟，人非草木，孰能無情？

同理，若是遇到問題需要借助他人的幫助，但對方並不願意出力，這時若想改變他們的決定，「以情動人」是個不錯的辦法。

一九四三年二月十七日，在中國抗日戰爭最艱難的時期，宋美齡以中國「第一夫人」的身份訪美。此行的目的只有一個，就是喚起美國人對於中國抗日戰爭的同情並尋求幫助。

第二天，宋美齡前往美國國會演講。她深深瞭解「以情動人」的強大效用，於是在演講的開頭便舉出美國飛行員杜立德上校在率隊轟炸日本後，回航時降落在中國山區獲得中國人民熱烈歡迎的事例，拉近中美兩國人民之間的距離。

她接著又說：「我在貴國度過了青年時代，我說著和諸君同樣的語言，不僅僅是口頭上的語言相同，我們內心的語言也相同。我今天來到這裡，也有如同見到家人的感受。」

這更進一步喚起美國人對中國的親切感。

在這場演說中，宋美齡的演講不時被掌聲打斷，甚至有長達近五分鐘的掌聲。

她在結語中的一句話，更博得滿堂彩：「中國人民根據五年多的經驗，確信光明正大且甘冒失敗的風險，要比卑鄙可恥而接受失敗更為明智。」

此時，眾院議事廳中爆出久久不歇的掌聲，一位議員說他從來沒有見過這樣的場面，宋美齡這場演說差點讓他掉下眼淚。

此後，宋美齡又在美國各地多次發表演說，除了宣揚中國的抗戰精神之外，她這趟美國之行的最大目的，是希望獲得美國政府和人民的實質援助。

宋美齡是個一流的演說家，也是個高明的「乞討者」，她在演說中絲毫不露乞憐和乞援的痕跡，但是，那些眾議員以及在收音機旁聆聽宋美齡演講的美國人民，都同聲要求美國政府加速援華行動，民眾也慷慨大度地樂捐，即使連羅斯福總統也不得不公開表示將加快援助中國的速度。

在國會發表演說後，每天都有數百封來自全美各地的信件寄至白宮，收件人卻是宋美齡。例如，一位住在紐澤西州東奥倫奇市的家庭主婦，寄了一張三塊錢的匯票和一張上海難童在火車站哭泣的剪報至白宮。

這位美國太太在信中說：「這三塊錢匯票是我三個女兒合送給那位在火車站哭泣的小朋友。」

這是宋美齡的國會演說經由收音機轉播至全美，打動千千萬萬美國人民心的最佳證明。

由此可見，當自己有難必須尋求他人的幫助時，千萬不要忘記「以情動人」這種有效的說服手段。特別是對那些和自己關係不錯的朋友、同事，這種方法必會喚起他們的同情心，令他們無法拒絕請求。

分析好壞處，說服對方出手相助

人與人之間的利益糾葛太複雜，所以有時很難用求情、喚醒對方同情心的方式得到實質幫助，反倒是用「以利害明之」的手段，更容易說服對方。

在向外尋求援助時，如果對方與自己的關係並不親密，無法用「以情動人」的方式打動他，這時該怎麼辦呢？

在這種情況下，就必須對他剖析利害、闡述得失，用與他息息相關的利益誘使他做出對自己有所幫助的行爲。

如果自己的事情眞與他的利益毫不相關，就需要主動奉上一些利益饋贈他，所謂「天下沒有白吃的午餐」，要求對方提供幫助，自己當然也得提供回報。

《戰國策》中記載了這樣一個有趣的故事：

楚國大軍圍困韓國的雍氏城長達五個月。心急如焚的韓襄王派出眾多使者向秦國求救，但秦國的軍隊還是不肯出兵援救韓國。於是，韓國又派尚靳出使秦國。這次，尚靳對秦昭王說：「韓國對於秦國來說就像個屏障，有戰事時就是先鋒。現在韓國的處境萬分危急，但秦國卻不派兵相救。我聽說『唇亡齒寒』，希望大王您仔細考慮考慮。」

當時秦昭王剛剛成年，秦國的大權實際上掌握在她母親宣太后手中。

宣太后說：「韓國之前派出那麼多名使者，只有尚先生的話說得有道理。」於是便召尚靳晉見。

宣太后明白地對尚靳說：「秦國要幫助韓國，但若兵力不足、糧食不多，就無法解救韓國。要想解救韓國的危難，每天要耗費不止千金，你們難道不能讓我們多得到一點好處嗎？」

尚靳回國後，把宣太后這番話告訴韓襄王，韓襄王又派張翠出使秦國。

老謀深算的張翠知道自己越是著急地央求對方，對方就會越輕視自己，於是假稱自己有病，每天只走一點路程。

等張翠到達秦國時，秦國的丞相甘茂說：「韓國已經很危急了，先生您又抱病前來，走得如此緩慢。」

張翠回答說：「韓國還沒有到危急的時刻，只是快要面臨危急而已。」

甘茂說：「秦國乃堂堂大國，秦王聰慧聖明，當然知道韓國危急的情況。現在先生卻說韓國並不危急，為什麼呢？」

張翠回答說：「韓國一旦處境危急，大不了就轉而歸順楚國罷了，那時我怎麼還敢前來秦國求援呢？」

甘茂說：「我明白了。」

甘茂於是進宮對秦昭王說：「公仲（**韓國權臣**）以為能夠得到秦國的援助，所以才敢抵禦楚國。現在雍氏被圍攻，秦軍不肯援救，這就勢必會失去韓國。公仲因為得不到秦國的援救憂鬱不上朝，和他政見不同的弟弟公叔必趁機要韓國跟楚國講和。楚國和韓國一旦結為一體，魏國也就不敢不聽從楚國。這樣一來，楚國就可以用這三個國家的力量圖謀秦國。如果那樣，它們共同進攻秦國的形勢就形成了。」

秦昭王同意甘茂的看法，終於出兵解救韓國，楚國很快從韓國撤軍了。

秦國本想在救助韓國前撈到一些好處，但被張翠巧妙的說辭和從容的姿態迷惑，終於無條件出兵援韓。張翠一改之前使者急促、積極和卑微的姿態，反而引起秦國重視。另外，最關鍵的地方在於，張翠又以要與楚國講和的條件試探、脅迫秦國，這一招果然管用。

秦國不想失去昔日的盟友，更不想讓盟友跟敵人聯合，如此張翠就由被動地位轉化爲主動地位，秦國只能以積極的援助行動拉攏韓國。

現實生活中的人情世故也大抵如此。人與人之間的利益糾葛太複雜，尤其在商場上更是如此，有時很難用求情、喚醒對方同情心的方式得到實質幫助，反倒是用「以利害明之」的手段，更容易說服對方。

不過，採用這種方法需要掌握好火候和技巧，否則可能觸怒對方，適得其反。

借力打力，創造最高效益

「借力打力」這辦法，能使他人心甘情願地為自己代勞，又不用付出任何代價，等於是「無中生有」地創造出財富。

在武俠小說中，最高明的武功通常都是不損耗自己的力量，而是引導他人力量自相攻擊的借力打力之術。

同樣的道理，在人脈運用方面，最高明的辦法同樣是不需自己付出代價，而是將他人手中的資源合理組合運用，最後就能夠巧妙爲自己創造出一條「無中生有」的成功道路。

例如，美國知名的船王丹尼爾．洛維洛就深諳「借力打力」的奧妙，並因此賺取大筆財富。

直到四十歲以前，洛維洛還是一個四處借債、碌碌無為的人。可是，多年的借錢生涯突然讓他意識到：「其實，單靠借錢也能夠發財！」

於是在一九三七年，洛維洛來到紐約大通銀行，準備向銀行貸款一筆錢買艘船。他的計劃是，首先用借來的錢買一艘舊貨船，再把它改裝成油輪，因為運油比運貨更有利可圖。然後，再將油輪租給石油公司，用租金償還銀行的貸款。

大通銀行的人看到洛維洛破舊的襯衫時，問他有什麼可做抵押。洛維洛承認他沒有什麼東西可以抵押，但是他把一艘油輪租給了某家石油公司，他每月收到的租金，正好可以按月償還這筆貸款。因此，他建議把租船契約交給銀行，由銀行向那家石油公司收租，這就等於分期償還貸款。

這種做法起初聽起來有些荒唐，許多銀行不願意接受。但實際上，這種做法對銀行相當保險，因為即便洛維洛本身並不是很有信用，但是那家石油公司的信用卻十分可靠。

除非有預料不到的重大經濟災禍發生，不然銀行可以假定石油公司會按月付錢。

退一步說，即使洛維洛把貨輪改裝成油輪的做法失敗了，但只要那艘船和那家石油公司繼續存在，銀行就不怕收不到錢。

洛維洛的精明之處就在於，他借用他人可靠的信用來增強自己的信用，結果，銀行最後同意貸款給他。洛維洛用這筆錢買到他所需的舊貨輪，並改裝成油輪出租，然後再利用它借另一筆款項，再買一艘船。

這種做法延續了好幾年，每當一筆貸款付清之後，洛維洛就成為船的主人，租金不再被銀行拿走，而是由他收進自己的口袋裡。

洛維洛不滿足於現狀，又想：「既然一艘已經存在的船可以用來借錢，那麼尚未建造的船為什麼不能呢？」於是，他又開始進行另一項大膽的借錢計劃。

他訂造油輪或是其他有特殊用途的船，且在還沒有開工建造船隻之前，就找到願意在船隻完工時承租的客戶。

手裡拿著租契約，他再跑到一家銀行貸款造船。這種借款是延期分期還款的方式，銀行要在船隻下水之後，才能開始收錢。但是船一下水，客戶付給洛維洛的租金就可轉讓給銀行，於是這項貸款就像上面所說的方式一樣付清了。最後，等貸款全部付清，洛維洛就能以船主的身份擁有船隻，可是洛維洛當初卻連一分錢也沒花。

一開始時，這種想法再次令銀行震驚。但是，他們仔細研究後，覺得洛維洛的話很有道理，加上這時洛維洛本身的信用已經沒有什麼問題，何況跟以前一樣，還有別人的信用加強還款的保證。就這樣，洛維洛利用「無中生有」的借錢方式，建造出他船業帝國的雄厚基石。

在委內瑞拉，有個名叫圖德拉的工程師很想做石油生意。雖然一無關係，二無資金，但是他資訊靈通、思路敏捷、行動果敢。於是，他想出了和洛維洛「英雄所見略同」的賺錢辦法。

圖德拉先來到阿根廷，瞭解那裡的牛肉生產過剩，但石油製品緊缺。所以，他就和阿根廷的貿易公司洽談業務。

「我願意購買兩千萬美元的牛肉。」圖德拉說：「條件是，你們要向我訂購兩千萬美元的丁烷。」圖德拉知道阿根廷正需要兩千萬美元的丁烷，所以投其所好，自然順利獲得訂單。

他接著又到西班牙，對一家造船廠說：「我願意向貴廠訂購一艘兩千萬美元的巨型油輪。」

那家造船廠正為沒有人訂貨發愁，當然非常歡迎。

接著，圖德拉又說：「但條件是，你們要向我購買兩千萬美元的阿根廷牛肉。」

牛肉是西班牙居民的日常消費品，況且阿根廷正是主要的牛肉供應地，造船廠何樂而不為呢？於是雙方談妥了這筆買賣。

最後，圖德拉又到中東地區找到一家石油公司洽談：「我願購買兩千萬美元的丁烷。」

石油公司見有大筆生意可做，當然非常樂意。圖德拉接著又提出要求：「條件是，你們的石油必須用我在西班牙建造的超級油輪運輸。」

在石油產地，石油價格比較低廉，但運輸費卻不便宜，而且還不容易找到運輸工具，石油公司立即答應圖德拉的條件。

在這個商務談判過程中，由於圖德拉的周旋，阿根廷、西班牙、中東國家都取得了自己需要的東西，又出售自己急待銷售的產品，圖德拉也從中獲取鉅額利潤。

仔細計算，會發現圖德拉所得的利潤實質上是以運輸費頂替油輪的造價，當三筆生意全部完成後，這艘油輪就歸他所有。有了油輪之後，圖德拉自然就能開展他的石油事業。

「借力打力」這辦法表面上看起來輕而易舉，實則相當不容易，必須是想法新穎、行動果斷、能言善道的人才有辦法靈活運用此法，而且這種方式也無法使人立即賺得錢財。

但此法的好處是，若眞能成功，則能使他人心甘情願地爲自己代勞，又不用付出任何代價，等於是「無中生有」地創造出財富。因此，仍是很値得學習、參考的好辦法。

擴大人際範圍，增加認識自己的機會

若能儘量擴大自己的人際交往範圍，就能在與他人的頻繁接觸中，正確認識真正的自己，這同時也是人脈管理重要的一環。

一個善於運用人脈關係的人，除了借助他人的資金、力量、關係、情報等等「硬體」以外，還懂得借助他人的智慧這項重要「軟體」。

尤其，智慧這種「軟體」可以「拷貝」，可以分享，他人即使被借取智慧，對他們自身也幾乎沒有任何損失。但是對自己來說，一個聰明的點子、一個寶貴的經驗、一番深刻的哲理，常常能使自己茅塞頓開，發現一條從未走過的光明大道。

正如牛頓所說：「如果我看得比別人更遠一些，那是因為我站在巨人肩膀上的緣故。」

僅憑一個人的有限智慧，無法看到遠方的風景，但若能吸收他人的智慧為己所用，就能憑著眾人的智慧看見無限成功機會。

不論從事什麼行動、規劃什麼事業，最重要的前提就是要正確地評估自身能力，也就是要「自知」。「人貴有自知之明」、「知己知彼，百戰不殆」，可見正確地認識、評估自己，是展開任何行動的重要開端。

那麼，人是如何認識自我呢？

美國社會學家米德指出，一個完整的「我」是由「主觀的我」和「客觀的我」共同構成，即自己對自己的認識和他人對自己的認識統一而成。

一般說來，自己對自己的看法和他人對自己的看法之間，或多或少總會有些偏離和差異。

譬如，有些人認為自己是個「自信又有魄力」的人，但在旁人看來，卻是一個「狂妄自大又容易衝動」的人。因此，若想正確地認識自己，最重要的就是將「主觀的我」和「客觀的我」統合起來，使兩者之間的差異縮小。兩者間的差異越小，證明對自己的認識越準確。

作家紀伯倫在他的小說《認識自我》中寫道，賽艾姆由於受到蘇格拉底名言「認識你自己」的啟示，開始狂熱地站在穿衣鏡前尋找真正的自我。

他像座雕塑一樣佇立在穿衣鏡前，凝視著鏡子裡鬼一般可怕的自己，並默默估量著自己的頭型、臉龐、身材和四肢。

賽艾姆就這麼站了半個多小時，積極地「認識自我」，只見他自言自語地說：「嗯！從身材上來看，我挺矮小的，但拿破崙、雨果二位不也是一樣嗎？我的額頭不高，可蘇格拉底和史賓諾莎也是如此。我承認我禿頭，不過沒有關係，因為大名鼎鼎的莎士比亞也是如此。我的鼻子彎長又呈鷹勾狀，如同伏爾泰和喬治・華盛頓的一樣；我的雙眼凹陷，就如使徒保羅和哲人尼采一般。我的嘴唇肥厚，足以與路易十四媲美；至於我那粗胖的脖子，則堪與漢尼拔和馬克・安東尼類比。」

「雖然我的身體的確有缺陷，但這是偉人們共同的特點。而且我與巴爾札克一樣，閱讀寫作時，咖啡壺一定要放在身旁；我也和托爾斯泰一樣，願意與粗俗的民眾交際攀談。有時候，我會三、四天不洗手、不洗臉，這習慣和貝多芬與惠特曼相同。我嗜酒如命的習性，足以令馬略和諾亞自嘆不如；我饕餮般暴飲暴食的習慣，連巴夏酋長和亞歷山大也得讚嘆。」

再沉默片刻，賽艾姆用骯髒的指尖點了點腦袋，繼續說：「這就是我啊！我擁有迄今為止人類歷史上偉人們的種種特質。一名擁有這麼多偉大特質的青年，一定是個能做一番驚天動地大事業的人。」

賽艾姆在房裡走來走去，醜陋的臉上蕩漾著歡樂的光輝，嘴裡不時發出開心的笑聲，還反覆吟詠著阿比·阿拉的一段詩文：「儘管我是這個時代的晚輩，創業祖先的未竟之業，總會壓在我的肩背。」

再過一會兒，賽艾姆就穿著他骯髒的衣服倒臥在亂七八糟的床上，愉快地進入夢鄉。

上述這個故事實在非常可笑，賽艾姆面對鏡子，認爲自己「擁有迄今爲止人類歷史上偉人們的種種特質」。在他眼裡，他的種種缺陷反倒成爲足以誇耀的特點。

在一番狂想和自戀以後，倒在他的床上酣然入夢。

一個像賽艾姆這樣的人會取得成功嗎？

顯然不可能。

為什麼呢？

因為他照錯了鏡子，錯誤地認識自己。

他人的眼睛才是正確的「鏡子」，在那裡面映照出的形象才是眞實的自己，正如唐太宗所說的「以人為鏡」一樣。

美國社會心理學家庫利提出一個被廣泛肯定的「鏡中的我」理論。

這個理論認為，一個人的自我觀念是在與其他人的交往過程中形成的，他人對自己的評價、態度等等，是反應自我的一面「鏡子」，每個人都能透過這面「鏡子」認識自己。

所以，以「鏡中的我」為核心的自我認識狀態，必須取決於自己與他人交往的程度。

交往活動越頻繁、越多元，「鏡中的我」也就越清楚，一個人對自我的認識也就越客觀、越準確。

由庫利的理論可知，若能儘量擴大自己的人際交往範圍，就能在與他人的頻繁接觸中，正確認識眞正的自己，這同時也是人脈經營重要的一環。

認識真正的自己才能拓展人際關係

如何在他人的眼裡看見真實的自我，從而不斷突破自身障礙、改善自我，就是使人邁向成功的重要條件。

如果用錄音機錄下自己的聲音，然後再放給自己聽，會發現這聲音與自己平常聽到的並不一樣。這是因爲平常聽到的聲音是從喉部發出，也就是說，它來自自己的身體內部，但錄音機中的聲音則來自外部。

相同的，如果用錄影機拍下自己的影像，也會驚訝地發現，影像中的自己和鏡子中的自己也不太一樣。

從這兩個例子可知，主觀和客觀之間常常存有差異。

「當局者迷，旁觀者清」。一般來說，他人對自己的認識相對較客觀，而且自己與他人之間的關係也是建立在這種客觀認識上。因此，改變他人對自己的客觀印象，也就能建立更好的人脈網路，提高自己成功的機會。

西晉時，有位年輕氣盛的人名叫周處。

由於父親死得早，周處從小缺乏管教，雖然臂力驚人，但卻沒有用在正處，每天只知賭馬放鷹、馳騁田獵、騷擾鄉里，成為遠近馳名的無賴。但他自己並沒有意識到這點，只認為自己輕浮了一點。

有一次，周處見到家鄉中有一名老者愁眉苦臉、悶悶不樂，就問他說：「今年風調雨順、五穀豐收，你怎麼還這麼不高興啊？」

老者歎了口氣，說道：「三害未除，我怎能高興呢？」

周處好奇地問：「三害指的是什麼？」

老者回答：「南山裡的白額猛虎、長橋下的惡蛟，再加上你周處，就是這個鄉里的三大禍害啊！」

周處對老者的回答相當驚訝，他雖然知道自己不討人喜歡，但沒想到家鄉的人竟把他與吃人的猛虎、惡蛟並列，一時間竟呆住了。

只見周處沉默了一會，說道：「既然這三害為患鄉里，我就除掉它們。」

老者用不太相信的語氣說：「你要真能除掉三害，那可是地方上的大喜事啊！」

於是，周處到深山中射殺了猛虎，又跳入水中與惡蛟搏鬥，但蛟龍在水中時沉時浮，帶著周處在水裡漂流了三天三夜。人們見周處沒有回來，都認為他和蛟龍同歸於盡，因而大肆慶賀。

結果，當周處帶著滿身的傷痕回到家鄉時，看見人們為他的死大肆慶祝，才知道鄉人確實相當痛恨自己。

內心深受傷害的周處不願意繼續在家鄉居住，於是到浙江吳郡尋找當時著名的學者陸機和陸雲兩位兄弟。陸機碰巧不在家，周處就將自己的遭遇告訴陸雲，並且說：「我想自求上進，然而已經蹉跎不少歲月，恐怕來不及了。」

但陸雲說：「古人認為早上知道了自己的過錯，晚上就改正是件十分可貴的事。你年紀尚輕，前途遠大，只要重新立定志向，難道還怕得不到好名聲嗎？」

周處於是開始立志向學，時時以忠孝信義的標準要求自己。果然，他過了幾年後便博得美名，洗刷早年的惡名。後來，周處甚至當上御史中丞（相當於現在的最高檢察院院長），並成為當代清廉正直的臣子。

周處原本並沒有意識到他人對自己的惡劣印象，直到瞭解家鄉人將他列爲「三害」之一，才痛改前非。他爲了改變別人對他的固有看法，不惜殺虎斬蛟，並向學者陸雲請教，從此踏上一條全新的人生道路。

其實和周處一樣，阻礙大部分人取得成功的不是別人，正是自己。由於對自己高度自滿和自私自利的心態，所以無法正確認識自己，甚至認爲自己是個天使，不知自己在別人眼中其實是個惡魔。

因此，如何在他人的眼裡看見眞實的自我，從而不斷突破自身障礙、改善自我，就是使人邁向成功的重要條件。

適時借用別人的優勢

人很難靠單打獨鬥而成功，我們不難見到，許多成功的人士，不光有能力、肯努力，還會審時度勢，適時借用別人的優勢，快速達成自己的目的。

許多成功學大師都提醒我們，想要獲得更輝煌耀眼的成就，就要將經營人脈當做一項大事業來做，而且要做到精準而妥當，千萬不能輕忽。

如果你有著經營人脈的熱情，又在拓展的時候願意多花一些心思，那麼面對競爭，你一定能順利脫穎而出。

宣傳商品時，除了可藉助專家、學者的推薦，利用他們的權威替自己背書，使宣傳內容更加眞實可信，名人的推薦也是一種很好的宣傳方式。

藉由這些知名歌星、影星、球星……等人的影響力，可以迅速推廣自家產品，大幅提升產品的知名度。

球王比利是一個神話，利用他的名聲獲取利潤的公司也不計其數。

比利雖然在踢進他輝煌的第一千個球後就光榮退休了，但他的聲名及影響力猶存，每到一處都被人崇拜和熱烈歡迎，每一件穿過的球衣、踢過的足球，乃至用過的日用品，都被球迷們高價收集和珍藏。

於是，巴西有一家公司鑑於各國球迷和民眾對球王比利的崇拜和迷戀，就以「比利」的名字作為商標，公司的產品都冠以「比利」商標。

這在上個世紀七〇年代來說確實是別具一格，在琳琅滿目的眾多商標中，「比利」商標具有一種特殊的魅力。這些商品一上市，就引起眾多球迷極大的興趣，許多人爭相購買，宣傳效果極佳。

後來，這家公司把「比利」商標做得越來越廣泛，他們不僅自己靈活使用這個商標，而且還轉讓「比利」商標，有的用比利的名字，有的用他的肖像，有的用他的聲音，總之，凡是有關「比利」的商標都可以轉讓。

購買那些轉讓商標的廠商雖然要花一筆昂貴的費用，但他們還是願意購買，使得擁有商標註冊權的那家巴西公司賺取鉅額利潤，僅商標轉讓費就使公司每年賺進千萬美元。

有時候，如果不能主動邀請到那些名人、明星爲自家商品代言，也可以採用依附宣傳的方式「沾光」。比如下面例子中提到的強生公司就是這樣。

二十世紀五〇年代末期，美國的佛雷化妝品公司幾乎獨佔黑人化妝品市場。儘管有許多同類廠家與它競爭，卻無法動搖它的霸主地位。

這家公司有一名推銷員名叫喬治・強生，邀了三個夥伴想自立門戶，專門經營黑人化妝品。但是，三個夥伴信心不足，詢問：「我們有多少資金？」

「五百元。」強生答道。

「多少員工？」

「就我們四個人。」

「簡直是笑話，連許多大公司都在與佛雷公司的競爭中敗下陣來，這麼一家小公司能有立足之地嗎？」夥伴們都質疑強生的想法。

「總會有機會的。」強生說：「我們並不想一下子就賺大錢，只要能從佛雷公司分得一杯羹就能受用不盡啦！所以，就某種程度而言，佛雷公司越蓬勃發展，情況對我們就越有利！」

夥伴們當時還不能理解強生這句話的涵義，但他們信任他，認為他是個有經驗的業務員，在推銷產品方面的表現優越，最後都同意與他合開公司。

強生化妝品生產出來後，廣告的宣傳語是：「黑人姐妹們！當妳用過佛雷公司的保養品後，再擦上強生公司的粉餅，將會獲得到意想不到的良好效果！」

這句廣告詞的確有獨到之處，不像其他公司的廣告總是盡力貶低佛雷公司，抬高自家商品，而是表面上吹捧佛雷公司的產品，實則是推銷自家產品。

但是，喬治·強生的夥伴們對這句廣告標語有些不滿，指責強生：「佛雷公司的名氣已經很大了，你還一味替他們吹捧，這是什麼道理？」

強生笑著回答說：「正是因為他們名氣大，所以我才這麼打廣告。」

接著，他還做了一個有趣的比喻：「強生這個名字名不見經傳，誰曉得呢？但倘若將我的名字跟美國總統的名字並列在一起，強生這名字定會變得家喻戶曉。」

這時，夥伴們才明白強生的意圖，他是透過廣告將自己的化妝品和佛雷公司的暢銷商品並列在一起，以借助名牌產品替自己的新品牌開拓市場。

這個推銷辦法果然靈驗，消費者自然而然地接受了強生公司生產的粉餅。

接著，這家小公司進一步擴大業務，生產一系列新產品。

再經過幾年努力，強生公司終於將佛雷公司的化妝品擠出黑人女性的化妝台，成為黑人化妝品市場中的新霸主。

在推銷自家產品時，善於借用名人或名牌商品的名氣，能順利提升自己公司的知名度，使商品更易於打開市場，被廣大的消費者接受。因此，請名人、明星代言，一直是成功推銷商品的不二法門。

人很難靠單打獨鬥而成功，我們不難見到，許多成功的人士，不光有能力、肯努力，還會審時度勢，適時借用別人的優勢，快速達成自己的目的。

06

與其單打獨鬥，不如結合盟友

單打獨鬥闖天下是過時的做法，

應當互助合作，結合成利益共同體，

才能以最小的產出換取最大的回報。

懂得激勵，才能創造效益

不論採取何種方式激勵屬下，目的都是要使下屬更拚命工作，並在彼此之間建立良好的關係，最終藉由下屬努力邁向成功。

無可否認的，激發部屬的能力就是一個管理者成功的助力，在競爭劇烈的商業社會，想提高自己的競爭力，管理者千萬不要忽略了透過激勵創造效益。

要想使下屬爲公司賣力，除了在情感上關懷他們、物質上獎勵他們，並使下屬們都能人盡其才以外，有時候還可以運用一些手段，使他們之間形成良性的競爭關係。倘若競爭勝利的一方還能獲得額外的獎勵，將會使競爭更有趣。

在同一個公司裡，下屬之間相互競爭的關係，是使他們工作效率提高的一個重要因素。

有一個生產暖氣機的工廠老闆發現員工對工作一直漠不關心，總是無法按時完成他們份內的工作。

由於工廠的經營狀況一直不盡如人意，這個老闆無法用提高獎金的方法激發員工的積極性。於是，他想到一個好方法，也就是使員工之間互相競爭。

某天傍晚時分，日班即將結束、夜班尚未開始，這位老闆走進工廠。

他在工廠裡巡視片刻，然後走到一位工人身邊，問道：「你們這一班，今天生產了幾台暖氣機啊？」

「六台。」那位工人如實回答道。

聽完這個答案，這名老闆轉身取出一根粉筆，在地板上寫下一個大大的數字「六」，然後若無其事地離開了。

夜班工人開始上工時，看到那個醒目的數字「六」，就問這是什麼意思。一位即將下班的日班工人說：「剛剛老闆來巡視，問我們今天生產了幾部暖氣機，我們說六台，他就把這個數字寫在地板上了。」

第二天早上，這位老闆再次走進工廠，一眼便看見他昨天寫的「六」字已經被擦掉，而且寫上了一個更大的「七字」。

過了一會兒，日班工人進來上班，也看到那個大大的「七」字，決定要向夜班工人發起反擊。當天，他們加緊工作速度，下班時，自豪地在地板上寫下一個頗具威脅性的「九」字。

日班工人的反擊不久就引發他們和夜班工人之間新一輪的競爭，這位老闆也眼看著這個位數字變成了兩位數。

不久之後，工廠的產量迅速增加，經營狀況也逐日好轉，老闆開始將物質獎勵方式和工人們的競爭結合起來，使得工人們的工作效率更好，工廠也逐漸壯大。

美國一位行爲科學家弗理德克．休斯，深入研究數千名從工廠作業員到高級經理人的工作態度後，發現了激勵員工積極工作的最大因素。

那到底是什麼？是鈔票？是良好的工作環境？是福利？

其實，都不是。休斯說，激勵人們努力工作的主要因素之一，正是工作本身。

如果工作是令人興奮和有趣的，負責工作的人就會渴望去做，而且總是努力把工作做得更好。

每個人都喜歡競爭和挑戰，下屬也是如此。所以，領導者不要總是用命令和訓斥的方式督促下屬，這只會讓他們更加反感，態度更消極。

適當運用一些具有刺激性的手段使下屬之間產生競爭關係，反倒能激起他們的工作積極性，讓他們主動爲工作大力奉獻。

當然，不論採取何種方式激勵屬下，目的都是要使下屬更拚命工作，並在彼此之間建立良好的關係，最終得以藉由下屬的努力邁向成功。但是，如果上司與下屬間的關係處理得不好，失去了下屬的心，又會有什麼後果呢？

關於這一點，AH&B公司是一個很有參考價值的失敗例子。

美國的AH&B是一家顧問公司，主要業務是提供資訊諮詢和規劃設計等方面的服務，在八〇年代初發展達到巔峰，營業額迅速增長，利潤相當可觀。

由於收入與發展都不錯，公司的三位創立人決定用高薪吸引人才，以擴大公司規模。果然，因為高薪和公司令人欣羨的發展速度，許多優秀人才大受吸引，都希望能在這家公司一展身手。

可是，這三位領導人對新雇員並沒有做出太多安排，把全部精力都放在行銷工作上，並且拚命追求新合約。

當時，沙烏地阿拉伯的一個好機會令他們非常著迷，把大量時間和金錢都投入到規劃書的擬定工作上。

他們還不時飛往沙烏地阿拉伯，跟沙烏地阿拉伯的官員們周旋，把公司業務完全放在一旁，那些剛剛進入公司的下屬們明顯地感覺到被冷落了。

這個過程持續了好幾個月，公司進步的動力逐漸減緩，員工們開始對工作不抱熱情了。可是，三位領導人對這種現象毫無所覺，心思完全放在投標一事上。

接著，AH&B公司有一些人才開始離去，也帶走了一些客戶。到這時候，三位領導人最終意識到了情況不對，可是此時這種不良趨勢已經蔓延開來，無法阻止，他們只好把希望寄託在那個規劃書能夠得標。

不幸的是，AH&B公司的三位領導人某天清晨醒來，發現他們那個美麗的夢破滅了，他們沒有得標，而且當他們回過頭來注意公司的時候，發現公司也只剩下一個空殼，連最大的客戶也跟著離職員工走了。

結果，三名領導人能夠做的就是解散並改組公司。

爲什麼會有這種結果呢？

很顯然，AH&B公司不像一個家庭，它沒有溫暖、缺乏交流，公司更像一間旅館，上司們來了又去，員工們來了又走，彼此沒有關懷，只有失望。失去下屬支持的三位上司，終於得到夢想破滅的悲慘結果。

下屬的支持是上司成功的基礎。缺乏下屬支持的上司就如無根的樹木，不論樹幹多粗壯、枝葉多繁茂，也無法活多久。所以，上司須先處理好自己與下屬之間的關係，如此才可能做好管理，才可能有所成就。

學會相處是成功的護身符

學會與其他人相處，打好人際關係，可以成為護身符，保護一個人在激烈競爭的險惡社會中平安生存，進而獲得成功。

「唉，眞希望自己能多吸引一些朋友，成爲一個受歡迎的人啊！」

以上這句話，道盡了許多人的心聲。

有許多人因爲生來個性較乖僻或者不善言詞、反應遲緩，以致於無法享受友誼之樂，失去許多享受群體生活歡愉的機會，成爲一個孤獨、落落不合的人。

對此，他們可能自怨自艾，卻不知道要結交朋友並不難，實現願望並非不可能，只要自己敢於突破藩籬，走出陰影。

不管當下的遭遇或眼前環境有多麼的不順利，多麼的惡劣，你仍然可以讓自己樂觀，透過言行舉止，顯示出自己內在和藹、愉快的精神，影響周遭所有的人，使他們不由自主地靠近。

懂得經營管理人際關係的人，不僅比較受人歡迎，更容易得到別人的扶助，成功的機會自然比較大。

光有「天時」、「地利」還不夠，更重要的是掌握「人和」。

想像自己是一塊磁石，能夠將所有人吸引到身旁，這絕對不是空想，只要能在日常生活中善待他人，表現出隨時爲別人著想的態度，就很有可能會實現。

如果希望別人對自己好，就要將心比心、推己及人，先用寬容大度的態度去對待與自己互動的所有人。

應該儘量去說別人的好話，儘量去看別人的好處，不要冷嘲熱諷、事事挑剔。總是爲難別人的人，必定不可能受到支持與信任，會被貼上「不值得信任」、「最好敬而遠之」的標籤。

輕視且嫉妒他人的人，心胸必定是狹隘、不健全的，因爲看不到別人的好處，即便面對著一個衆望所歸的人，仍要設法以種種不實言詞去詆毀對方。

相反的，心胸若寬大健全，就能看出他人的好處，並給予眞誠讚揚，使自己與其他所有人都感到自在、快樂。

吸引朋友的最好方法，莫過於表現出自己對別人的關心與興趣。有許多人不能吸引人，總是交不到朋友，就是因爲他們只顧著自己的事，只關心自己，久而久之，便失掉了與外界的聯繫，處在社會的邊緣，只能冷眼看世界，完全無法融入。

有一個人緣極差的人，無論走到哪裡，總是不受歡迎，連他自己也搞不清楚原因，感到莫名其妙。去參加宴會，每個與會者見到他，必定退避三舍，當別人縱聲談笑、其樂融融的時候，他只能一個人在旁邊乾瞪眼，不知如何是好。

事出必有因，狀況究竟是怎麼產生的呢？

從外在條件來看，這個人相當不錯，長得一表人才，能力很強，在職場上也相當受到上司賞識，升遷順暢。但問題就出在態度，他總是只想到自己。

若是一個人只爲自己打算，凡事斤斤計較，不肯吃虧，甚至連與其他人談話時，話題都要圍繞在自己身上，如此自私，怎麼可能會受到歡迎呢？

人際交往是「互相」的，若只有單方面付出，很難維持下去。一個只看得見自己的人必定交不到知心、有用的朋友，但只要稍微調整角度，對其他事情表現出興趣與關懷，氣氛與情勢就可能馬上變得不一樣。

俗話說得好，一個懂得用耳朵的人，必定比只用嘴巴的人更受歡迎，更討所有人的歡心。假使能夠常常設身處地爲他人的利益著想，必定將獲得豐厚的回報。

無論人生最大目的是什麼，都要學會與其他人相處，打好人際關係，累積人脈存摺。這種態度將可以成爲護身符，保護一個人在激烈競爭的險惡社會中平安生存，進而獲得成功。

用尊重換取成功

要想維護他人的自尊心，首先必須先抑制自己的好勝心。越是想要出鋒頭，就越可能讓自己陷入險境，招致禍害。

單打獨鬥不適合這個社會，想要成功，很多時候必須倚仗其他人的力量。所以，必須用心經營人際關係，多交朋友。

而說起交友準則，有一句古老諺語相當貼切，就是「嚴以律己，寬以待人」。

嚴以律己，就是嚴格地約束自己，儘量減少差錯；寬以待人，便是以寬厚容讓、和氣大度的態度與人相處。

宋代文人蘇東坡年輕的時候，有一個朋友名叫章惇，後來當上了宰相，執掌大權。但他絲毫不念舊情，把持政局時，不僅先把蘇東坡發配嶺南，之後甚至貶至海南島。

後來，蘇東坡遇赦北歸，章惇則因為政爭失利而垮台，被放逐到嶺南的雷州半島。蘇東坡聽到這個消息，立刻寫了一封信給章惇，說道雷州地雖偏遠，好在沒有瘴氣，因此無須太難過，倒不妨多想想將來。

可想而知，蘇東坡如此大度的表現，自然令章惇羞愧不已。蘇東坡的胸懷遠比一般人寬廣，對於一個幾乎曾將自己置於死地的人，還願意盡朋友之責。

人們常常說「無毒不丈夫」，但其實以「無度不丈夫」來形容會更好。

另外，還有一點要注意的，就是與人相處時，不要傷害他人的自尊。

金錢損失雖然令人不快，還是可以設法再賺回來，萬一自尊受到傷害，問題就嚴重了，甚至無法再彌補。也許最初並無惡意，但往往只由於一句話或一個不經意的舉動傷害到別人，不知不覺爲自己樹立一個敵人。

中山國是戰國時代的小國，有一回，國君設宴款待國內名士，卻沒有準備足夠的羹湯，無法讓全場的人都喝到。司馬子期因為沒喝到羹湯懷恨在心，便為此投奔楚國，用計勸楚王攻打中山國。

楚國相當強大，中山國自然不是對手，輕而易舉被攻破。國君狼狽地四處奔逃，卻驚訝地發現有兩名武士拿著武器一路保護他。他問這兩個人為何前來，他們答道：「我們的父親曾因您賜他食物而免於餓死，因此去世之前特地叮囑，要我們竭盡全力來報答您。」

中山君聽罷，感歎說：「賜與不在多少，而在他人是否需要；結怨不在深淺，在於是否傷了別人的心。我因一杯羹而亡國，卻又因一份食物得到兩位勇士。」

這則典故，清楚點出了自尊的重要。

現在的人，越來越強調個性，好勝心極強，常常非要把事情做「絕」，表現出自己的正確或勝利才罷手。如此，或許滿足了虛榮，卻免不了傷及感情。

其實，在一些小事小節上，你大可讓朋友「贏」一把，維護友人的自尊，順便

爲自己博得更多好感。

要想維護他人的自尊心，首先必須先抑制自己的好勝心。越是想要出鋒頭，就越可能讓自己陷入險境，招致禍害。

有一個人相當擅長下棋，其次找朋友對弈聯絡感情。棋局開始，他一上手就是一輪猛攻，讓朋友瞻前顧不了後，十分狼狽且緊張。

他還不以為滿足，故意露出破綻，引朋友進攻，他再緊接著使出殺手，還得意地大笑，直說對方太容易被騙。

此後，他每回再與這個朋友連絡，對方總擺出愛理不理的模樣，更不肯與他下棋，他卻始終不明白原因。

想想，這個人究竟做錯了什麼？

本來應該是一場輕鬆、愉快的友誼賽，卻搞得緊張不堪，贏了棋卻失去了友誼，實在划不來。由此可見，要交朋友，就要寬心待人，並抑制自己的好勝心。

沒有尊重就沒有友誼，好像沒有基石便不可能築起大廈。

那麼，尊重該從何開始？

經驗證明，只有在自尊自愛的基礎上才能誕生。

以自尊自愛為基礎，自然也就懂得尊重自己以外的其他人，尤其在出現無可避免的意見分歧時。友情的眞正可貴之處，在於既能夠尊重對方，取得共識，也不傷害各自的獨創性。

與其單打獨鬥，不如結合盟友

單打獨鬥闖天下是過時的做法，應當互助合作，結合成利益共同體，才能以最小的產出換取最大的回報。

掩飾自己的眞正想法，只保持表面的一團和氣，這樣的合作關係對雙方來說都是有害無益。在一定共識下維護共同的利益，才能相互信賴、長久發展。

單打獨鬥的時代已經過去了，現在的商業競爭傾向於團體合作，建立利益共同體。但是，關係對象的選擇必須審慎，並不是說只要找到合適的合作夥伴就可以，過程之中，還有許多問題應當注意。

首先，既然成了合作夥伴，彼此之間就要保持平等的合作關係，以及民主協商的管理方式，不論自身在共同體系中所佔位置有多重要，都不能以老大自居，以免破壞感情，進而影響整體合作關係的維繫和利益。

結盟企業之間若有任何建議或意見，都應該在民主平等的情況下進行積極交流，透過積極鼓舞，使所有成員各盡其力。

當然，民主之外，還是必須有一個核心領導者，否則必定造成群龍無首的局面，使共同體失去應有的凝聚力，最後分崩離析。

其次，既然身處利益共同體中，自然應秉持「有福同享、有難同當」精神，切不可過分自私，爲一己之利而置群體利益於不顧。

一九九〇年代初期，中國大陸東北的免洗筷工廠幾乎佔領了絕大部分的日本市場，但價錢始終被日方壓得很低。為了保護自己，爭取應得利益，所有工廠決定聯合起來與日本談判。

這本是件好事，成功可能性也相當大。眼看著日方就要接受條件，卻沒料到局面忽然產生大逆轉——有一家工廠竟為了一己之利，私下與日本方面交涉，願意把價格降得更低。

結果可以想見，談判草草收場，價格再度遭到打壓，甚至造成好幾家工廠就此倒閉。

不可否認，在商場上「有福同享」容易，「有難同當」較難。但既然決定以團隊方式作戰，就一定要肩負起責任，彼此分享利益，共同抵禦風險。

那麼，要如何凝聚向心力呢？

這並不是一件容易的事情，一方面要倚靠領導者的協調能力，另一方面則看所有人是否懷抱同樣強烈的信念與堅持。

單打獨鬥闖天下是過時的做法，想要適應這個瞬息萬變的社會，應當互助合作，結合成利益共同體，才能以最小的產出換取最大的回報。

審慎選擇朋友，受用無窮

真正的朋友就該像從數萬首唐詩中精選出來的「三百首」，讓人百看不厭，每讀一次就又有一些新的收穫。

結交朋友，可以不拘一格，甚至彈性地做一些不同區分，但不可否認的，「朋友」畢竟象徵了一種特定的關係，具有一定的內涵和意義，因此不可能隨便就把一個陌生人稱之爲朋友。

說到交友，應該遵循以下四大準則：

•不僅僅是「人以群分」

常言道「物以類聚，人以群分」，根據心理學家的研究，「物以類聚」確實是人之本性。也就是說，交情很好的朋友可能有某種興趣、愛好相同，或性格、氣質相投，又或者懷著相似志向，相近的待人接物態度。總之，必然具備某種共同點，才容易成爲朋友。

和那些有相似之處的人成爲朋友的可能性雖然高，但爲了開闊視野、挖掘對新事物的興趣，與和自己氣質、經歷、趣味都恰恰相反的人交朋友也不是壞事，很多時候更能加深自己對某些事物的認識。

不受「物以類聚，人以群分」的限制，可以大大擴展選擇朋友的範圍，對自己絕對有利。

● 在互動中累積情誼

有的人因爲朋友少，沒有人可溝通交流而感到孤獨，或者感到自卑，深怕被誤解爲難以接近的人。也有一些人，把朋友當成一種多多益善、可供炫耀的「資本」。

出於上述目的，總有人殫精竭慮地設法結交「朋友」，但這種做法實際上是對友誼的褻瀆。正確的交友觀，應當是在交往互動中，一點一滴建立起關係。只有透過不斷的交往，才能讓彼此深入瞭解，取得互相信任，透過逐漸地相識相知，隨時間推移，形成互惠互利關係。

宋代文人蘇軾在《亡妻王氏墓誌銘》中曾寫道：「其與人銳，其去人必速。」意思是說，與人相交，一開始就十分殷勤的人，與人疏遠的速度必定也極快。

這句話相當有道理，值得我們謹記在心。

●朋友在「精」不在「多」

每個人的一生中，遇上可能成爲朋友的人選其實很多，其中有些確實會成爲朋友，有些則失之交臂；有的是「貨眞價實」，有的則不過「濫竽充數」。

出現這種局面的主要原因，正是在交友過程中忽略了「精選」這個環節，不是被動地接受，來者不拒，多多益善，就是主動出擊，不分良莠一概當成朋友。事實上，這兩種態度都不正確，背離了交友的眞正意義。

交友的策略之一，就是要懂得「精選」，選擇那些眞誠寬厚、知識博淵的人，以求在各自的事業上能互相幫助，共同精進提高。同時，「篩」掉那些懷著某種功利目的，只想求取單方面利益的人。

交友在「精」不在「多」，眞正的朋友就該像從數萬首唐詩中精選出來的「三百首」，讓人百看不厭，每讀一次就又有一些新的收穫。

●及時「催化」或「降溫」

與人交往過程中，常常會遇到這種情況：對有些人雖然是第一次見面，卻一見如故，大有相見恨晚之感；對某些朋友，雖然交往時日不短，卻慢慢發現此人不宜過於深交，逐漸想要疏遠。該如何處理這種局面呢？

這時候，就必須運用「催化」或者「降溫」的辦法，以改變雙邊關係。

「催化」以及「降溫」，都是在交友過程中經常運用的策略。對相見恨晚之人，不妨主動與之接近，尋找各種機會加深對彼此的瞭解、信任，增進友誼。相反的，一旦發現原來的朋友可能是勢利小人，或斤斤計較之輩，甚至與自己結交只是想謀取單方面利益，彼此無法共贏共利，可是直接斷交又不太妥當，就該選擇逐步「降溫」，一點一點不著痕跡地疏遠。

小心在你身後搞詭的人

凡事抱持著一定的危機意識，為自己做好安全準備，就能以不變應萬變，徹底防範那些想在你身後搞詭的人。

越是成就突出的人，越容易遭人妒忌，正所謂「鶴立雞群」、「樹大招風」，站在顯眼處的人，很容易被暗箭所傷，要特別提防被人扯後腿。

如果你已經成爲小人眼中的攻擊對象，以下有五種技巧可以幫助你保住地位、改變處境，以防禦小人的侵害。

• 收集證據

如果你的失敗是因爲他暗地裡搗鬼的緣故，一旦查明眞相之後，應該儘快將事實抖露出來。

比方說投訴相關人員，表示是因爲某人「丟失」了你應該得到的通知或備忘錄，或者故意不提供你有關的資訊，才會造成你的作業失誤，以此儘快澄清自己的清白。

你最好能將自己的工作詳細記錄，包括接到工作任務、備忘錄的時間，以及沒能及時接收的佈達資訊或行動措施等，然後將所有的情況彙報給上司。一旦證據確鑿，領導者當然會明白誰才是眞正應該受到指責的人。

•正視給你製造麻煩的人

忍氣吞聲並不一定能夠解決問題，有時候，你必須正視你的敵人，給予他們當面的警告，顯示你對這件事的重視程度。

如果有人故意從你桌上取走檔案，導致你的工作延誤，面對「兇手」狡辯之時，你大可以理直氣壯對他說：「當然，你會說你沒有這麼做，但是你我都知道這裡到底發生了什麼事。」

對方或許會推卸責任，也或許會栽贓他人，或許只是一聲不吭地站在那兒。如果對方保持沉默，你則可以繼續說：「我想這些檔案再也不會丟了，這種情況應該也不會再發生了，你說是不是？」

如此，可以讓對方知道，你很清楚他們的作爲，雖然這次不予計較，但下次就不會善罷干休了，期望下不爲例。如果你假裝不知道、當做沒發生，對方反而會誤以爲你感到害怕，那麼這些困擾你的事將會層出不窮。

●對自己所做的事心中有數

當某人試圖貶低、否定你的成績時，不用立刻在口頭上爭回面子。這時候，你必須對你自己一清二楚，最好還有書面資料佐證，這樣才是最有力的自我保護方式。

將你所做的一切都記錄下來，不管是書面的還是口頭的。例如，如果你提高十五%的銷售額，你就可以這麼說：「去年我給公司帶來了……利潤。」讓上司清楚知道你的成就與績效。

事實就是事實，當你做出了確實的成績，也有確實的證據可以佐證，任他人怎麼樣也無法否認和貶低。

●公開自己的目標

身爲領導者應該會發現，有些人很喜歡被特別看待，甚至爲了得到特別待遇而費盡心機。這種人的目的其實很簡單，希望你能夠看到他的成果，希望領導者對他的表現感到滿意。

如果這樣的人名實相符，透過眞正的實力獲得良好的成績，那麼讚揚他也是理所當然的事。但是，如果只爲了汲汲於名利而將別人的功勞往自己身上攬，就會欺壓到別人的權益，如果領導者不能明辨是非，勢必會引起其他人的不滿。

爲了應付這種情況，領導者可以將所有的計劃與預訂目標全都明文公佈，對於員工的表現也同樣確實記錄，如此一來誰有功、誰有過就一目瞭然了。

有了白紙黑字的記錄，在公正、公開的情況下，主管就不用爲了該如何賞、如何罰而傷腦筋了。

•明辨誰是可以信任的

有句話說：「人心如面，各不相同。」即使兩個人再親近、再熟悉，也很難確定自己一定完全明瞭對方的想法。

在職場上，輕易善信他人的人，往往特別容易受到傷害。因此，在你還未能信賴對方之前，不要肆意談論自己的計劃或想法，否則一旦別人從談話中竊走你的想法，可就得不償失了。

此外，與他人結盟合作，剛開始也無須談論過度細節的內容，並且愼選場所，以免遭受無謂的損失。

待人處事，其實沒有什麼了不起之處，最重要的是學會了解對方是怎麼樣的人、會有什麼樣的想法。

在職場中，彼此競爭在所難免，不用防人到底，也不要輕信於人；凡事抱持著一定的危機意識，多爲自己做好安全準備，就能以不變應萬變，徹底防範那些想在你身後搞詭的小人。

懂得付出，才能獲得適時的幫助

對立與仇視只會為自己帶來禍害，與人結善，心自然開闊、快樂，也能獲得適時的幫助。

趙王的弟弟平原君是魏國公子信陵君的姐夫，秦國攻打趙國之際，曾多次寫信給魏王和信陵君，請求出兵援救，魏王便派了將軍晉鄙率十萬大軍前去救趙。

但是，在秦王百般威嚇下，魏王心生反悔，急忙命令晉鄙停止進軍，暫時駐紮在鄴城觀望。

眼見秦軍來勢凶猛，一路攻城掠地，平原君等得相當著急，不斷派人到魏國去求救，還責備信陵君說：「我之所以跟魏國結為親戚，是因為你的豪爽與義氣，總是能解救別人的危難，如今邯鄲快被攻破了，貴國的救兵竟然還在途中觀望，看來你也是徒有虛名罷了。」

信陵君明白魏王懼怕秦國，已無出兵的打算，便決定獨自一人救趙。信陵君率領了門下食客和親信部隊來到東門，見到守門的侯生時，便將自己將與秦軍決一死戰的消息告訴他。

沒想到分手時，侯生卻冷冷地與他道別，一點也不阻擋，也不熱情表示要伸出援手，這讓信陵君心中很不是滋味。於是，走了不遠便又折了回去。一回到東門，只見侯生早已站在城門外恭候，笑著對信陵君說：「我早就料到你一定會回來。」

信陵君不解地問：「你怎麼知道？」

侯生笑著說：「你一向對我很好，如今你要去送死，我卻不為你送行，你心裡一定很不愉快，必定會回來質問我囉！」

接著，侯生又說道：「我知道你一向器重賢才，但你養了這麼多門客，現在遇到了困難，卻一點解決辦法都沒有，試想，徒然和秦軍拚命，那不是如同一塊肥肉丟進老虎口裡，有什麼益處呢？」

信陵君無奈地說：「這個道理我懂，但是，平原君是我的姐夫，如今他危在旦夕，我豈能見死不救呀！」

侯生細聲問信陵君：「聽說如姬是魏王最寵幸的夫人吧！而如姬的殺父兇手，好像也是你幫她找到的吧？」

「是的！」

侯生點了點頭，說道：「既然你為如姬找到了殺父仇人，她自然會對你感激不已，你正好可以利用這點恩情，請她幫忙。」

信陵君聽了侯生的建議，立即前進如姬那兒，請她伸出援手。如姬聽到後，果然毫不推辭地答應了，當晚如姬設宴把魏王灌醉，並乘機盜取兵符，讓近身的侍女連夜送到信陵君的手中。

拿到兵符的信陵君，立即回到侯生家裡，與他商討下一個步驟。侯生說：「現在你帶著兵符前去，如果晉鄙到時不願交出兵權，還要向大王請示時，就讓我的好友朱亥當場把他打死。」

信陵君率領自己的部隊來到鄴城，立即假傳魏王命令，要接替晉鄙掌軍權，晉鄙果然不肯交出兵權，聲稱要請示君王，而在一旁的朱亥隨即拿出鐵錘，當下擲向晉鄙，晉鄙應聲倒地。

信陵君接過晉鄙的兵權，檢閱過人馬，發佈命令說：「父與子同時在軍中的，父親要退役回家，兄與弟在軍中的，哥哥回去，是獨生子的也回家去奉養父母。」

經過整編以後，信陵君得到精兵八萬，然後派人前往邯鄲告訴趙王，約定日期進行前後夾攻。進軍那天，信陵君身先士卒，殺得秦軍措手不及，血流成河，倉皇逃回秦國而去。

邯鄲終於解圍了，趙國也轉危為安，從此秦軍再也不敢輕舉妄動，只是信陵君因盜竊兵符，又假傳魏王軍令，因而遭到罷黜，只好攜家帶眷長居趙國。

樂於助人等於廣結善緣，所以，信陵君能在危急時刻得到侯生、朱亥、如姬等人的幫助，讓自己能在危急之際化險爲夷。

生活中的助力，都發自於我們先前的付出，因此，與值得交往的人相交之時，應該發自眞心，和善以對，在能力所及的範圍內，竭盡所能幫助對方。

許多人因爲在人際交往的過程中遭遇挫折，因而採取明哲保身的態度，冷眼看待週遭的人，免得自己繼續吃虧上當。但是，這是消極的做法，因爲冷漠處理自己的交際活動，只會被大家冷落，最後演變成對立和仇視。

對立與仇視只會爲自己帶來禍害，相對的，與人結善，心自然開闊、快樂，也能獲得適時的幫助。兩相比較，聰明如你自然會知道，怎樣的朋友最值得我們相交與付出。

07

合作可以讓你走得更久

誠懇地對待別人，分享彼此各方面的成果，

是人際交往的基本原則。

但是，如何誠懇邀請別人分享，

又如何與對方合作，無疑是一門必修的學問。

用別人的嘴巴，說自己的好話

如何借助有權、有勢、有名聲者替自己代言，是人脈管理中極為重要的一環。唯有懂得並能善用這項技巧，才能使自身的優點廣為傳播。

在需要得到情報的時候，可以借助人脈獲取這些資訊，那麼，當自己需要對外發送資訊的時候，是否也同樣可以借助他人之力達到這個目的呢？

答案是肯定的。

在人際交往過程中，常常出於禮貌、面子上的顧慮，無法直接坦率地將自己的意見告訴對方，或者由於溝通障礙（如語言不通）、時空阻隔等因素，無法當面與對方交流。在這些情況下，就必須借助他人的幫助，將自己想傳達的資訊經過「二次傳遞」轉達給對方。

借他人之力傳達資訊的成功例子，早在漢朝時代就有。

漢武帝劉徹很小的時候，常常和他的表妹、長公主的女兒陳阿嬌一起玩耍。有一天，長公主看見兩個孩子玩得很高興，便把劉徹抱到膝上問：「兒欲得婦否？」

劉徹說：「欲得。」

長公主就開玩笑地指著自己的女兒阿嬌問：「阿嬌好不好？」

劉徹回答：「好。若得阿嬌，當以金屋貯之。」

長公主十分高興。

結果，等到漢武帝成年以後，長公主便用當年「金屋藏嬌」的玩笑話要漢武帝兌現承諾，終於使陳阿嬌成為皇后。

可是，陳阿嬌自小嬌生慣養，又因為母親是長公主、表哥是皇上，所以一向驕蠻，脾氣十分不好。剛剛新婚的時候，兩人過了幾天甜蜜的日子，但不久後便常常爭吵。加上陳阿嬌往後十多年來不曾生育，漢武帝對她就越來越冷淡。

後來，漢武帝開始寵幸歌姬出身的衛子夫，陳阿嬌看在眼裡，妒在心裡，於是常常哭鬧，動不動就要自殺，使漢武帝更加惱怒。

陳阿嬌見用自殺手段威脅也不能使漢武帝回心轉意，便開始向巫蠱術士學習媚惑人心之術。但是，漢武帝察覺她的行為後，便在元光五年大治巫蠱之獄，廢去陳阿嬌的皇后之位，將她安置在長門宮獨居。

也許是多年的冷宮生活使陳阿嬌變得冷靜許多，她日日苦悶愁思，希望漢武帝能接她回去。

恰在此時，阿嬌聽說司馬相如的文章馳名天下，於是便奉上黃金百斤做為「稿費」，希望司馬相如替她寫一篇文章轉達給漢武帝。

司馬相如收下黃金後，寫下了著名的《長門賦》，向漢武帝表達陳阿嬌的悲苦和思念。

當漢武帝看到司馬相如這篇感人的文章，又想起他和阿嬌幼時玩耍的情景和新婚歲月，終於被感動了，於是便把幽閉多年的陳阿嬌接出冷宮，她也重新得到武帝的寵幸。

在傳統封建社會裡，身爲女子不方便向男人表達自己的情意，更何況陳阿嬌是幽閉冷宮的棄婦？於是，陳阿嬌巧借司馬相如的文章，向漢武帝傳達自己的心聲，一對怨侶經過他人的牽線搭橋，終於言歸於好。

其實，請他人爲自己傳言的辦法，不僅僅侷限於人際交往，在政治、外交、商業等其他領域同樣有很大的作用。借助他人爲自己傳達資訊的原因，也不只侷限於不方便和不合適，有時是因「他人代說效果更好」。

「金華火腿出東陽，東陽火腿出上蔣」，這是民間流傳許久的說法。

浙江金華地區出產的火腿早在千年以前就聞名於世，但東陽火腿，特別是東陽蔣腿（或稱為雪舫蔣腿）會成爲近代火腿中的極品，卻與清朝末年著名的「紅頂商人」胡雪嚴有很大關係。

胡雪嚴為人精明幹練，早年在杭州開銀號的時候，與當時擔任杭州巡撫大臣左宗棠結識。後來，他協助左宗棠創辦福州船政局，又為左宗棠辦理眾多事務，籌供軍餉和訂購軍火。

相對的，在左宗棠的幫助之下，胡雪巖也成為操縱江浙商業、主宰浙省錢糧軍餉的大商人，他的阜康錢莊及他在北京、上海、湖北、湖南等地的分店遍及大江南北。到同治年間，胡雪巖的資金已超過兩千萬兩白銀，手中的田地也近萬畝。

當時洋商們不相信左宗棠的權位，卻相信胡雪巖的信譽，所以官府向洋商借款非要胡雪巖擔保不可，因而有「洋人不信大帥言，但信胡一諾」的說法。

可是，這樣一位權大勢大的紅頂商人，是怎麼與東陽火腿扯上關係呢？

這要從東陽火腿如何成為滿清皇室的「貢品」說起。

金華火腿產於浙江舊金華府所屬的金華、東陽、義烏、蘭溪等八個縣區。這八縣之中，以東陽縣地域最廣、人口最多，火腿產量最高、品質最好。至於上蔣則是東陽縣中一個村莊，全村當時只有一百戶人家，分為上蔣、下蔣兩個部分。

當時，上蔣有一位製作火腿的業主叫蔣雪舫，曾偶然結識胡雪巖。某年，蔣雪舫得知胡雪巖要進京面聖，便挑選了上好材料，仔細醃製幾百條極品火腿，主動送給胡雪巖，希望他用這些火腿作為饋贈京城顯貴的禮品。

胡雪巖帶著這幾百條火腿到了北京，同治皇帝和王公大臣們品嚐這些火腿後，人人讚不絕口，並將它定為「貢品」。

從那之後，「雪舫蔣腿」的身價就更高、名聲更響了。蔣雪舫死後，他的子孫繼承了製作火腿的技術，並以「蔣」字為商標，專門經營「蔣腿」。

雖然東陽蔣腿的醃製技術和經營技巧上都有獨到之處，但它能從一個小村莊的手工作坊一躍成爲全國火腿行業的龍頭，若沒有胡雪巖這樣的紅頂商人適時加以推薦，恐怕也極爲不易。

想要拓展人脈、建立口碑也是如此。一個地位低下、沒沒無聞者說的話，總是比不過高高在上、聲名顯赫者者說的讚美，所以，如何借助有權、有勢、有名聲的人替自己代言，就是人脈經營術中極爲重要的一環。

唯有懂得並能善用這項技巧，才能使自身的優點廣爲傳播，進而受到衆人重視。

穩固人際關係，為成功打好地基

語言是人與人交流思想、資訊和情感的工具，所以應審慎應用，千萬不要用惡語損及自己與他人的關係。

穩固的人際關係是獲得事業成功的基石，所以千萬不要小看這一方面，更要隨時隨地留心與每一個人的互動情形。把人際關係打好，就等同爲成功建立最穩固的地基，對自己有益無害。

想要成功地營造自己的人際關係，應該熟悉靈活處世之道，與人交往互動時，應極力避免觸犯以下幾個錯誤：

• 不要言而無信

爲人處世，信用兩字相當重要。古代君子強調「一言既出，駟馬難追」、「一諾千金，一言百繫」，便都是著重在一個「信」字。

還有一句諺語說「言必信行必果」，則點明了信用的內涵。這是一種對自己、對他人、對事業都負責的態度，也是在社交圈中必須樹立的形象。

不講信用的人，在現代社會中所在多有，這類人非但不值得信任，更不值得投入心力與時間經營、交往。

人際交往，貴在一個「誠」字，只要掏出心來，便能夠彼此靠近。在背後造謠生事、蜚短流長的行爲，不但會破壞一個組織的團結，傷害朋友之間的情誼，甚至還會釀成環境的不安定，同時象徵了個人品行的低下。

因此，在社交生活中，我們一定要注意做到以下幾點：

1. 不傳播不負責任的小道消息。
2. 不要主觀臆斷，妄加猜測。
3. 對朋友的過失不該幸災樂禍。
4. 避免干涉別人的隱私。

•不隨便發怒

喜怒哀樂本是人之常情，但必須控制在一定限度以內。心理學研究指出，隨便發怒，就人與人的互動來說，會傷害和氣與感情，損及熟人之間的信任和親近。

抑制怒氣是個人理智戰勝感情衝動的過程，而所謂理智，恰好是彬彬有禮者應具備的特有標誌。常聽人說「江山易改，本性難移」，似乎認爲愛發怒是與生俱來，無法控制，其實是一種誤解，想要讓自己的人際關係更圓融，就必須改善易怒的缺點。

大多數人都會下意識地對自己的行爲、信念和感情辯解，因此不知不覺中把自己置於其他人之上，強求所有人來適應自己，同時把自己的意志強加於他人。

這種不能以平等態度對待自己和別人的心理，會透過許多不同的互動關係表現出來。這樣的人容易對同事和下屬發怒，也會對妻子兒女專制，認爲所有地位身分或輩分較低下的人都應該聽命行事，順從自己。

由此可見，隨便向人發怒，絕對是一種不尊重且不講文明禮貌的行爲，無論產生的原因爲何，都應該設法改掉。

•不要任意為他人取綽號

綽號就是外號，依據每個人的特點而產生。

綽號象徵的涵義各有不同，例如稱英國前首相柴契爾夫人爲「鐵娘子」，是帶有褒意的美稱，類似的綽號會讓所有人都樂於接受。

相對的，如果是帶有侮辱性的綽號，那就會讓人心生不悅。

有的綽號源自人天生的生理缺陷，例如「矮子」、「肥豬」、「黑鬼」……等等，就相當不雅。

爲他人取這樣負面的綽號，無異於揭別人的短處，對當事人造成心理傷害，無異於人格的侮辱。

若是有人替你取了不當的綽號，不妨平淡以對，不予理睬或一笑置之，如此可以避免繼續流傳，將傷害減低到最小程度。

• 不要惡語傷人

惡語，是指那些骯髒污穢，意在奚落挖苦的語言。

良言一句三冬暖，惡語傷人六月寒。惡言中傷是最不道德的行爲，對自己、對他人都不會有任何好處。

說話時，絕對要注意所運用的言詞和口氣，盡可能避免給人粗野的感覺。輕蔑粗魯的語氣使人感受到侮辱，驕橫高傲的態度使人與你疏遠，憤怒粗暴的表現則有可能將事情的演變導向不好的方向。

語言是人與人交流思想、資訊和情感的工具，所以應審愼應用，千萬不要用惡語損及自己與他人的關係。

• 不要嘲笑別人的生理缺陷

生理上存在缺陷的人，一般都較爲內向，交際範圍小，並時常常常感到自卑、失望，與人有隔閡。

這些沉重負擔會使他們格外看重精神性的需要，特別渴望眞誠的友誼、尊重、信任和感情。同理，當受到別人的嘲笑、冷落或不信任、不公平對待時，也更容易引起委屈、哀怨等情緒。

與正常人相比，生理上有缺陷的人會碰到更多、更大的困難，來自許多方面，包括學業、工作、日常生活以及職業等等。對待這樣的人，需要付出更大的關心、幫助、支援和鼓勵，他們在感動之餘，會以更大的誠意回報。

遠見，就是成功的關鍵

機會是可以靠自己創造的，無論是眼前的，還是需要時間等待的，一切終究是操在我們的手中。

戰國末年，行商致富的呂不韋經常這麼想：「只是個成功商人又如何？除了行商之外，我應該成就一些大事！」

那麼，他要成就怎樣的大事呢？

他想：「如果能當個政治家，便能操縱國家，順利的話，天下就是我的了，這必定比經商有趣得多。」

於是，呂不韋決定以經商的手法從事政治，經過一番物色，找上了在趙國當人質的秦國公子異人。

異人為夏姬所生，在兄弟間排行居中，而且按照立嫡長子不立庶子的封建傳統習慣，根本沒有資格也沒有機會繼承王位。

但是，若能用點計謀，讓安國君和華陽夫人冊立異人為嫡嗣，那麼如今這個落難的公子便有機會登上王位了，而他更能成為「定國立君」的大功臣。

為了實現這個宏偉的政治目標，呂不韋努力結交異人，並對他說：「我能給公子一個輝煌的未來。」

異人冷笑一聲道：「是您自己的未來，還是我的未來？」

呂不韋直言不諱地說道：「當然是要靠著公子，我才能成功。」

聰明的異人也聽出其中關鍵，便立即與呂不韋共商。呂不韋說：「聽說安國君寵幸的華陽夫人並無嗣子，偏偏當今能立嫡嗣的唯有華陽夫人，公子您的兄弟有二十多人，如今您卻長期在趙國當人質，假使等到昭王死，安國君即位，公子再想和兄弟們爭當太子就不可能了。」

異人點頭道：「但我能怎麼辦？」

呂不韋回答說：「我願意幫助公子，勸說華陽夫人立您為嫡嗣。」

異人一聽喜出望外，立即向呂不韋施禮，稱謝：「將來若能當上秦王，必定拜您為相，與您共治秦國。」

於是，他們一步步地買通了華陽夫人身邊的人，也慢慢地讓華陽夫人接納了異人，最後果然讓華陽夫人動了心，認異人為兒子。

呂不韋更對華陽夫人說：「凡是以姿色得寵的女子，一旦年老色衰便要失寵，如今，夫人雖為安國君所寵愛，雖然有異人為後，但您仍然要及早勸說君王從諸子中選擇一個賢孝者為嫡子，才能保住夫人的地位。」

於是，華陽夫人經常在安國君面前誇讚在趙國做人質的異人，並經常撒嬌地說：「妾幸得充後宮，不幸無子，願立異人為嫡嗣，以託妾身。」

見心愛的女子撒嬌，安國君自然不忍拒絕，便以玉符為證，華陽夫人還趁勢說服安國君拜呂不韋為異人的老師，負責培養異人執掌國事。

呂不韋將成功的消息帶回邯鄲，異人自然十分高興，也十分感激呂不韋，兩人幾乎成了形影不離的朋友。

當異人回到秦國，自然要先去向安國君和華陽夫人請安，呂不韋知道華陽人為

楚國人，為了取悅於夫人，特地讓異人穿了楚國的服裝去晉見。夫人見異人這身裝束果然大悅，遂把異人視作親生兒子，改名為「子楚」。

一天，子楚對安國君說：「您也曾經在趙國當人質，您現在回國，他們皆翹首西望，十分想念您。但您從未派使者去問候他們，兒臣擔心他們因而心生怨恨，因此建請將邊境早閒晚開，以通往來。」

安國君認為子楚說得很對，也相當驚奇他的宏觀，這時華陽夫人見機不可失，力勸安國君立子楚為嗣子。

不久，安國君宣佈：「寡人子莫若楚，應立為嗣子。」

公元前二五一年，秦昭王死去，安國君繼承王位，封華陽夫人為王后，立子楚為太子。安國君即位後一年便死了，太子子楚很快地便即位為王，而呂不韋也順利成為宰相。

秦國的軍政大權從此操在呂不韋手中，呂不韋的政治投資終於開始回數，獲得巨大的政治利益。

呂不韋的謀略與事蹟，至今仍然不斷被後人熱烈討論，當然每個人討論的方向也各有不同，但從他成就自己志業的過程來看，「有遠見」和「懂門路」確實是他成功的重要元素。

遠見，就是成功的關鍵，機會是可以靠自己創造的，無論是眼前的，還是需要時間等待的，一切終究是操在我們的手中。

就像呂不韋一樣，即使成功之日無法明確看見，但他深知：「只要用對方法，一步步地往前走，終有一天會達到自己的目標！」

合作可以讓你走得更久

誠懇地對待別人，分享彼此各方面的成果，是人際交往的基本原則。但是，如何誠懇邀請別人分享，又如何與對方合作，無疑是一門必修的學問。

人與人之間的感情交流可以增強彼此互助合作。融洽的感情是心的交流，一個人如果不真誠地與人交往，就很難獲得別人適時的幫助，難以成就更高的志業。

哈特瑞爾．威爾森是一位國際知名的演說家，說話生動幽默。有一回，他在演說時曾提及自己小時候發生的一件趣事。

小時候，哈特瑞爾．威爾森住在東德克薩斯州的某個小鎮，有一次，他跟其他兩個小孩在一段廢棄的鐵軌上面邊走邊玩。

另外兩個小孩子，一個身材瘦小，另一個則是個胖子，他們三個人相互競爭，看誰能在鐵軌上走得最遠。

哈特瑞爾跟那個較瘦的男孩走了幾步就跌了下來，較胖的那個卻走得很遠。最後，在好奇心的驅使下，哈特瑞爾便問那位胖男孩：「你為什麼可以走那麼遠，到底有什麼秘訣？」

那位胖男孩搔搔頭回答說，哈特瑞爾跟那位瘦孩走在鐵軌時，只顧著看自己的腳，所以很快跌了下來。

然後他又解釋，因為他實在太胖了，所以看不到自己的腳，只能選擇鐵軌上遠處的一個目標，並朝這個目標走去，當接近目標時，再選擇另一個目標，然後不斷地走向新的目標。

這個小故事乍聽之下似乎是在勉勵我們，不管做什麼事情，只要設定目標，小心翼翼地朝這個目標前進，便能順利抵達終點。

其實，從人脈經營來說，這個故事的另外一個要點是說明合作的可貴，如果哈特瑞爾跟他的朋友能夠在兩條鐵軌上手拉手地一起走，他們不但可以走得比那個胖子遠，而且能不停地走下去，而不至於跌下來。

人際關係兼成功學大師戴爾．卡耐基曾經說過：「懂得分享，才能換取真摯的友誼。」

確實，誠懇地對待別人，分享彼此各方面的成果，是人際交往的基本原則。但是，如何誠懇邀請別人分享，又如何與對方合作，無疑是一門必修的學問。

人際交往的智慧正是如此，如果你能幫助其他人獲得他想要的東西，你也會得到你想要的東西。而且這種關係是成正比的，你幫助得越多，得到的就越多。

如何唸好「人際關係經」？

想要在出人頭地，重點在於處理好你和上司的關係，使你的部下心甘情願貢獻才能，使你在工作中如魚得水，在人際往來中左右逢源。

有人說社會是一張網，它將全社會的人聯繫在一起，每個人都是這張巨網上的一個結。結有大有小，身爲領導者無疑是網上連綴小結的大結。社會關係的巨網，你無法迴避，也不得不參與其中。

我們身處的社會，既是一個複雜的大染缸，也是一張星羅棋佈的密網。身爲領導者，尤其部門裡的「頭頭」，更是處在上下左右的人際關係網之中，無法置身其外或者袖手旁觀。

在美國加州大學社會關係學系任教的專家和教授，曾經進行過一項關於社會關係存在方式及其運作形式的課題研究，其中一項試驗的結果，簡直使我們感到難以置信，瞠目結舌。

這項試驗是這樣的：找任何一個正常的人，讓他列出他認識的所有的人，之後，再讓這些人列出他們認識的所有人。以此類推，反覆進行五次後，全世界所有的人竟然都被聯繫起來了。

你說人際關係這張巨網可怕也罷，說它神奇也罷，總之，你別無選擇。

因此，在日常生活和工作圈中，正確而恰當地處理好各種關係的是是非非，可以說是成爲人際應用高手的關鍵所在。

人際關係處理得恰到好處，一切就順利通暢，政通人和，達到符合「天時、地利、人和」的最高境界。

一旦關係處理得不好，麻煩的事情就會接踵而來，走到哪裡，哪裡橋斷；踩到哪裡，哪裡路就陷。

這種情形，俗話說得很生動，這就叫「喝涼水都塞牙」，「鹽罐子裡都長蛆」。

有很多人不懂人際關係學的妙用而四處碰壁，如果細細回味一下，你就會發現你曾經因而失去了很多升遷的機會。

因爲，命運之神往往只關照那些隨時「留一點心眼」的人。

人際關係處理不好，有些時候甚至使你懊悔不已，因爲，很多機會對你來說並不遙遠，或者說近在咫尺，然而你卻失之交臂。至於那些看起來沒有多大作爲、沒有升遷希望的同事，卻出乎意料地平步青雲，把你遠遠抛在後面。

想要在現代職場上出人頭地，重點在於如何處理好你和上司的關係，如何使你的部下心甘情願貢獻才能，使你在工作中如魚得水，在人際往來中左右逢源。

最高境界則是，如何使你的下屬不敢造次，合作的同僚不敢得罪，甚至你的上司也不敢輕易觸你楣頭。

曾國藩利用人脈成為「中興名臣」

為什麼聲勢浩大的太平天國，不敗於滿清將領之手，反而敗給一個文弱書生曾國藩呢？原因就在於，曾國藩善於運用「人脈」的力量。

在封建社會裡，許多官員都知道如何籠絡民眾，利用民心，鼓舞士氣幫助自己完成一番大事業。

漢民族是一個典型的「倫理本位」民族，特別注重種族血統和血緣關係，所謂的「牢莫過於夫妻盟，勇莫過於父子兵」，這句古話頗能說明這種傾向。一旦家庭、宗族和地域的關係與政治聯姻，就會出現一些讓西方人難以置信的奇蹟。

近年來，在中國大陸的「通俗文化」領域，出現了一股「曾國藩熱潮」，各式各樣研究清朝中興名臣曾國藩的書籍可說琳瑯滿目。

曾國藩何以能成爲清廷倚賴的「中興名臣」，建立輝煌的功業，並且被梁啓超等人視爲歷史上「不一二睹之下人物」呢？

如果我們仔細研究就會發現，曾國藩其實是一位善於利用家庭關係、宗族關係、朋友關係、師生關係的人脈經營高手，這正是他成功的最重要原因之一。

曾國藩崛起的時候，正是太平天國革命運動如火如荼的時期。

一八五一年，洪秀全組織的「拜上帝會」在兩廣一帶建立了了震驚全國的太平天國。太平軍聲勢浩大，所向披靡，從廣東揮軍直搗北方，先攻下湖南，又攻佔湖北，奪下江西，進逼江蘇、浙江一帶，幾乎控制了淮河以南的大半個中國。

對於太平天國作亂，清朝政府非常驚慌惶恐，就連同治皇帝也哀歎道：「朕位幾有不保之勢」。

與太平軍交戰的八旗軍、兵勇、地方團練屢戰屢敗，一路挨打，毫無還手之功。

曾國藩當時不過一介儒生，善觀天道人事，認為天下大亂，自己大展鴻圖的時機已到。他並不急於領兵作戰，而是獨闢蹊徑地回到他的老家湖南招募鄉勇，從興辦團練開始，目的在於練就一支絕對聽命於他的湘軍。

團練的主要成員就是他的宗親、同鄉好友、同學，他的過人之處就在於他透過血緣關係、親族關係和地域關係，利用親情的力量，將發展壯大的湘軍牢牢地捆綁在一起，令外人難以拆解。

事實證明，曾國藩編練的這支軍隊極富戰鬥力，很快就成為太平天國頭疼不已的死敵。後來，曾國藩依靠湘軍，取得了兩江總督和軍機大臣的權位，成為一人之下、萬人之上的重臣，甚至具有問鼎清廷的實力。

最後，他坐鎮安慶，攻下太平軍的江南大營和江北大營，轟開太平天國的首都所在地——南京，終於撲滅了這場轟轟烈烈的大革命。

前新加坡總理李光耀曾經說過一番膾炙人口的話，相當受用於想要成爲優秀領導者的人，他是這麼說的：「如果我們不敢挺身追求並捍衛我們自己的利益，我們就會是失敗的。」

沒有強烈的進取心，完全被週遭的人事物驅動的人生，毫無疑問的，將會是庸庸碌碌的人生。

太平天國革命波及中國十八省，歷時十四年，幾乎控制了大半個中國。滿清數百萬軍隊在太平軍面前兵敗如山倒，被打得潰不成軍。

可是，為什麼聲勢浩大的太平天國最後不敗於滿清將領之手，反而敗給一個出生湖南農村的文弱書生曾國藩呢？

原因就在於，曾國藩善於運用「人脈」的力量。

如何讓別人為自己賣命

一個領導人必須先具備「為公」的寬廣胸懷，然後再發動溫情攻勢，經營好自己的「私人關係」。

法國哲學家盧梭在《愛彌爾》裡曾經寫道：「對別人表示關心和善意，比任何禮物都有效，比任何禮物對別人還要有更大的利益。」

這番話運用在部屬與上司的關係之中，也相當適用。

在感情方面進行投資，有時會創造意想不到的功效，經人脈關係之時，應該深諳其中的奧妙，適時地讓溫情效應發酵。

一九四九年，國共「三大戰役」結束後，取得半壁江山的中共解放軍，積極進行渡越長江的前置作業。

可想而知，一旦長江防線被解放軍突破，蔣介石政權的滅亡就指日可待，因為，首當其衝擊的，就在位於長江沿岸的首都南京。

當時，國民黨軍隊中，有一位上將奉命在長江南岸佈防，由於受失敗情緒的影響，士氣相當低迷，竟然和其他三位軍官一起在防禦工事的地堡裡打起麻將。

當天夜裡，蔣介石恰巧巡視到該地。他悄悄地走到地堡裡，一語不發地看著這四位賭博的軍官。

過了一陣子，終於有人發現身後多了個人，抬頭一看，居然是蔣委員長，四個人嚇得面無血色，唇齒打顫，雙腿發抖，以為這下子腦袋保不住了。

豈知，蔣介石當時並未發怒，也未加以斥責，而是慢慢地走到桌前，坐了下來，輕輕地說了聲：「繼續玩！」

蔣介石的牌技不錯，不一會兒就贏得了一大把鈔票，他將這把鈔票推到站在身邊，還在發抖的將軍面前說：「都拿去吧，補貼一下家用。」

幾位軍官見狀，感動得熱淚盈眶。

這時，蔣介石站起身，很嚴肅地向這四名軍官行了個軍禮，懇切地說：「兄弟，一切拜託了！」

就在幾位軍官哽咽不已的時候，蔣介石又一言不發地走了。

後來，在中共百萬大軍渡過長江的時候，這幾位軍官奮不顧身地率領士兵浴血頑抗，寧願戰死也不降。長江防線被攻破後，那位將軍毅然決然地舉槍對準自己的腦袋，飲彈自盡了。

這位將軍生命的最後一刻，腦海裡閃過什麼景象，其實不需要心理學家加以分析。他必定憶起了蔣介石查勤的那個晚上的情景，想起了蔣介石的軍禮，以及那一聲凝重得讓人窒息的一聲——「兄弟，拜託了！」

所謂「女爲悅己者容，士爲知己者死」，上面這個例子說明了，一代梟雄蔣介石善於籠絡、收買人心的一面，不愧是個擅長利用溫情攻勢的領導統御高手。

他加入國民黨之後，即對黨內各股勢力的恩怨情仇和利益糾葛詳加分析，並且妥善經營自己的人際關係，終於躍爲黨政軍最高領袖，幾乎所有當道的黨政要員和將領全是他的親信或嫡系。

雖然他的歷史評價毀譽參半，行事也有可議之處，不過在經營人際關係與領導統御的技巧方面，仍然有值得學習之處。

美國總統羅斯福在談論自己的領導藝術時，曾經說道：「一個最佳的領導者，是一位知人善用的人，而且要讓下屬甘心盡忠職守。」

就算能力再怎麼高強的領導者，也會有自己的侷限與不足，也常常會出現力有不逮或者是分身乏術的情況，這時候就要懂得妥善利用下屬，讓他們幫助自己完成那些棘手的事情。

必須注意的是，無論你是哪個層級的領導人，經營人際關係的立足點，應該是為自己領導的部門創造績效、謀求最大利益，而不是居於私心拉黨結派。

一個領導人必須先具備「為公」的寬廣胸懷，然後再發動溫情攻勢，經營好自己的「私人關係」。

08

態度決定
你能不能獲得賞識

表達自己的熱情與計劃時，要掌握分寸，

儘量用有禮委婉的方式與態度呈述意見，

如此更能使自己的想法被採納，

進而獲得上司的賞識與重用。

把握交往原則，才能有所得

與上司的交往頻率過高，就會使上司對此人的評價逐漸降低，並且主動疏遠。因此，下屬與上司往來時，必須慎防頻率過高的現象，切莫過分殷勤。

想要建立有效的人脈，首先就要從辦公室互動最頻繁的上司開始。這是因爲上司和你的距離最短，對你的影響最大，所以一定要鼓勵自己用正確的方法和上司建立良性關係。

想要獲得升遷，就必須懂得借助上司的力量，因而在職場上，與上司之間的相處狀況就顯得特別重要。

與上司相處時，不能過於疏遠，也不宜過分親近，應該保持適度的親疏關係。所謂親疏關係適度，是指下屬在處理自己與上司的關係時，應該使自己與上司的關係保持在既有利於工作、事業推展，又有利兩人關係正常發展的適當限度內。

不能過於疏遠上司這點很容易理解，可是爲什麼親近上司時也要維持一定限度呢？

這是因爲每個人都有自己的個人空間。個人空間，既包括現實中遠近距離這種空間概念，也包括心理意義上的虛擬空間。

例如，若是摟著上司的肩膀說話，可能會使上司不高興，因爲這種行爲侵犯了他現實上的個人空間。又如果在工作場合中，不稱呼上司的職位而稱呼他的名字或外號，會令上司覺得他未受尊敬，這是侵犯了他心理意義上的個人空間。

要想與上司保持適度的親疏關係，先要與上司保持適度的心理交往關係。

所謂心理交往要適度，指的是在處理自己與上司關係的過程中，作爲下屬的交往積極性要「適度」，不可「缺度」或「過度」，若是表現得過分消極或過分積極，都不利於自己與上司建立和發展良好的關係。

與上司的心理交往過程中，不可表現得過分消極。

有些人由於種種心理原因，如自卑心理、蔑視權勢心理等等，從不積極主動地與上司進行心理接觸。因而雖然與上司朝夕相處，卻仍是非常陌生，彼此的心靈不能相通。這樣一來，就很難被上司了解，想得到上司的賞識和重用更會異常困難。

不過，也不能表現得過分積極。

固然，下屬要處理好自己與上司之間的關係，態度必須主動積極，然而這種積極性並不是越大越好。下屬所表現的積極性能否引起上司共鳴，能否在多數情況下發揮效用，關鍵均取決於上司。

如果上司認爲下表露的積極性具有價值，能夠爲他的經營管理工作帶來幫助，就會抱持歡迎、容納、鼓勵的態度。在這種情況下，下屬就應該繼續保持和適當強化自己的積極性。

相反的，如果上司認爲下屬表露的積極性是多餘的，價值不大，不能爲經營管理工作帶來幫助，就會抱持觀望、冷淡和漠視的態度。在這種情況下，下屬就應該暫時抑制自己的積極性，不要仍然盲目地向上司傾洩熱情，這恐怕會適得其反，反倒引起上司的反感。

在與上司往來的過程中，除了親疏關係要適度之外，彼此間的交往頻率也要適度，工作時間內與上司來往的次數要適量。

下屬與上司的關係，實際上是一種心理上的距離和關係。要縮短這種距離和強化這種關係，當然首先下屬要有與上司交往的意願和要求，然而，光有這種意願和要求仍不夠，因爲這畢竟只是主觀的。

要使這種主觀取得實際效果，就必須將它外化爲實際行動，透過實際行動「刺激」上司的心理朝向自己，這樣才能逐步建立起二者之間良好的關係。

因此，在處理自己與上司關係的過程中，身爲下屬不應只滿足於自己的願望和要求，不去或很少採取交往行動。

與上司實際來往的時候，選擇合適的交往頻率必不可少。

交往頻率低，間隔時間長，「刺激度」不夠，發揮的作用不強，就很難在上司的心裡留下深刻的印象。例如，有些人從不與上司私下來往，只維持表面上的和諧關係，這樣上司就會認爲，這些下屬表露的交往積極性只是在應付他，彼此的交情就很難深化。

可是，交往頻率過高也不利於與上司建立和發展良好關係。因爲如果交往頻率過高，常會導致如下這些不良結果：

• 干擾上司的正常工作

主管擔負著管理責任，除了得面對更高層的管理者之外，還要面對許多下屬，一般來說工作都很忙。所以，如果與上司的交往頻率過高，佔用上司的時間過多，必然會影響上司的正常工作狀態與進度的推動。又如果總是私下拜訪上司，干擾他的休閒時光，這也會使上司相當不愉快。

• 彼此的關係不自然

良好的關係是自然交往的體現。交往頻率過多，就會使上司覺得彼此間的來往狀況不自然，難以接受。即使勉強接受了，心裡也會有疙瘩，這不利於深化彼此間的關係。

•使上司覺得這名屬下另有所求

上司的地位與權力是下屬實現某些利益和願望必不可少的條件，也是造成某些下屬努力加強自己與上司交往頻率的一個重要原因。所以，即使是誠心與上司來往，但若交往頻率過高，會使上司認爲這些下屬別有用心，結果反倒逐漸疏遠。

上司接受下屬交往的程度，多半與他的原則性、自己的許可權，以及下屬本身所具備的條件有關。若是下屬的交往頻率過高，超過了上司所能接受的程度時，就會使上司對此人的評價逐漸降低，並且主動表示疏遠。

因此，下屬與上司往來時，必須愼防頻率過高的現象，切莫過分殷勤，以免使自己的熱心反倒成爲一件壞事。

掌握分寸，贏得上司信任

下屬要處理好自己與上司的關係，就必須注意維護上司。然而，維護上司也不能過度，否則就會導致一系列不良的後果。

下屬與上司之間的角色交往與非角色交往，是以兩者的實際身分進行劃分。所謂角色交往，是指下屬在工作業務上，以「下屬」的身分與上司進行交流。這種互動的特點一般是感情成分較少，業務工作的成分較大。

上司和下屬是在社會系統中兩個擔負不同職能的層次。上司居於管理地位，對下屬進行指揮、管理等工作，率領全體員工實現事業目標。下屬居於被領導的地位，在上司的組織、指揮和管理下進行工作。

兩者各自所處的地位以及特點，決定了他們之間必然要進行以工作業務為中心的角色互動。在這種互動中，下屬表露的積極性不能過低或過高。若積極性過低，像是該請示的不請示，該彙報的不彙報，往往會使上司感到相當惱怒，認爲這名下屬目中無人，不遵守紀律。

相反的，若是積極性過高，不論大小事情都找上司解決，而且該儘快處理的任務不知自行決策，非得上司表態不可，這樣一來，短時期內上司可能會認爲這名下屬相當尊重他，但時間久了，就會認爲此人缺乏獨立工作的能力，遇事沒有主見，或者認爲他是在逃避責任，進而不敢將重責大任交付給他。

至於非角色交往，是指下屬以私人的身分與上司進行交流。這種交往的特點正好與角色交往相反，一般是感情因素居多，業務工作的因素較少。同樣的，這種非角色的交往頻率也不能過度，這是因爲以下幾個原因：

・非角色交往不能達到取代或排斥角色交往的程度

角色交往和非角色交往相較之下，前者以工作爲中心，後者以感情爲中心。二者相比，前者比後者更重要，應居主導地位。

因此，與上司交往時，不應該以非角色交往取代或排擠角色交往，應嚴格遵循「公事公辦」的來往原則，公私之間的界限要分明。

• 非角色交往不應達到不顧原則的程度，也不應達到彼此互相干擾的程度

適度的非角色交往，有利於與上司交流，增進上司與自己之間的感情。但是，過度的非角色交往，往往成爲各方的一種負擔，轉而影響工作的進度與狀態。由此可見，不論與上司進行角色交往或非角色交往，都一定要維持適度的頻率，才能使這些交往活動產生正面效應。

另外，不論在工作中還是生活中，積極維護上司的威信，是下屬與上司建立良好關係的一條重要途徑。

上司的職責是帶領下屬實現組織的目標。在這個過程中，上司需要一部分下屬作爲主要幹部，圍繞在自己周圍，以貫徹自己的意志，並帶動其他下屬共同實現組織目標。因此，上司對於那些積極維護自己威信的人，往往給予青睞和厚愛。那些積極維護上司的人，與上司的關係也就容易變得親密。

所以，下屬想藉由上司的關係向上攀升，就必須注意維護上司，一個不會維護上司的人，不可能與上司建立良好關係。然而，維護上司也不能過度，否則就會導致一系列不良的後果。

在現實生活中，我們常看到一些人始終跟隨在上司左右，也很維護上司，但是卻超過正常、恰當的限度，甚至朝向危害原則和事業的道路發展。

例如，有些人把維護上司變成迴護上司的錯誤，把維護上司變成了對某個人的效忠。這些把自己視爲家臣或黨羽的過分行爲，必然會使自己失去與其他領導階層建立正常關係的可靠基礎，並爲整體事業帶來損害。

而且，當上司因爲錯誤而受到懲罰的時候，反而會怪罪維護他過錯的下屬：「爲何不及早提醒我？」

所以，當上司出現影響自身威信與工作狀態的錯誤時，身爲下屬要進行適當的規勸，這才是正確維護上司的方式。

適度相處，避開錯誤

為了防止自己與上司之間的關係產生認知障礙，就應該有目的地與上司保持適度關係。唯有控制好距離，把握好分寸，才能使這段關係為彼此帶來好處。

有些人會覺得和上司建立良好關係相當困難，想透過上司一步步拓展人脈無異於緣木求魚。其實，這是錯誤的觀念，只要和上司之間沒有認知上的障礙，又能保持適度的距離，就能開啓自己的人脈經營術。

若能維持自己與上司之間適度的關係，工作上能夠合作愉快，私下也有不錯的交情，既對上司不失尊敬又富有人情味，那麼，得到上司的賞識和重用必是指日可待，不久就能借助上司的力量上升到另一個位階。

不過，相對而言，若想維持自己與上司之間適度的關係，需要避免哪些問題呢？

主要有以下兩大點：

•與上司的關係大起大落

與上司的關係時親時疏，無疑是不健康的上司與下屬關係的表現。

有些人需要上司提拔和幫忙的時候，就特別加強聯繫自己與上司的關係，但在要求得到滿足以後就淡忘了這點；或者僅在逢年過節時送禮給上司，平時卻對上司關係疏離。這都是錯誤表現，想要維持自己與上司之間適度而正常的關係，就必須防止和克服這種現象。

要打造良好的上司與下屬關係，必須具備許多重要條件。就長遠發展來說，這段關係必須是健康平穩、持續不斷、速度適中的，不應該是劇漲劇落、時斷時續，或者速度過快與過慢。

在現實生活中，時常可以看到一些人與上司的關係處於極不正常的狀態。他們或者與上司強烈對抗、水火不容，使自己與上司的關係陷入谷底，或者與上司親熱過度，公私不分。

總之，上司和下屬之間這種起落無常勢、變化幅度大的病態性關係，對於工作事業和彼此都危害極大，所以必須盡力防止和克服這種情況發生。

作爲下屬，防止和克服這種病態關係的重要方法之一，就是在處理自己與上司關係的過程中，遵循中庸之道，無論是在心理交往、交往頻率、角色交往、非角色交往、維護上司等這其中哪一方面，都要努力做到適當又有分寸。

●上司對自己產生「近蔽」和「遠蔽」

古代有一位著名哲學家談到人際間認識的障礙時，曾這樣說：「遠為蔽，近為蔽；好為蔽，惡為蔽。」

這段話告訴人們，在與人交往的過程中，彼此距離太近或太遠，感情太好或太差，都會影響到彼此間正確的認識。

這段話確實說得很有道理。

首先，若從空間距離的角度討論，會發現人們認識事物都不宜過近或過遠。例

如，若要看清一片樹葉的紋路，如果把它放得很遠，或者把它貼到眼皮上，都只能看到一個模糊的形象。只有把它放在與眼睛距離適當的位置上，才能看得清楚。

其次，若從感情因素的角度討論，會發現感情因素太重或太輕，往往容易導致心中產生偏見，使認知產生誤差。

同理，下屬處理自己與上司之間的關係也是如此，一方面，與上司的距離過遠（在此主要指心理距離，一般不存在空間距離問題）、感情過疏、交往過少，容易導致「遠蔽」，因爲上司無法瞭解這名下屬，容易對他產生偏見。

另一方面，若下屬汲汲經營人脈關係，與上司的距離過近、感情過密、交往太頻繁，儘管有時能與上司建立特殊關係，但有時也會導致「近蔽」產生。

這是由於他對這名下屬的優點過分熟悉，因而習以爲常，不再覺得那是優點；又由於他對這名下屬的缺點過分瞭解，導致他時時不忘，結果反倒放大了這些缺點。而且，若是對上司過分服從，容易被認爲是缺乏主見、不成熟、依賴性太強、缺乏獨立工作能力……等等。

對於「遠蔽」，一般人多能夠提高警覺，注意防止和克服，但對於「近蔽」的產生，一般人卻往往過於忽視和掉以輕心，只看到了一味接近上司可以加強彼此關係的一面，沒有看到它還可能帶來問題的另一面。

產生「近蔽」的原因很多，主要是當自己離上司太近，上司的視野受到限制，也就不能把這人與他人進行有效比較，並在比較中客觀地發現和認識此人的優點，並做出正確的評價。

相反的，如果能與上司拉開並且保持一定距離，當上司的目光掃過衆多下屬，加以比較之時，馬上就會看出某人高出其他人的地方。

因此，爲了防止自己與上司之間的關係產生認知障礙，就應該有目的地與上司保持適度關係，既不可過遠，也不能過近。唯有控制好彼此間距離，把握好分寸，才能使這段適當的關係爲彼此帶來好處。

態度決定你能不能獲得賞識

表達自己的熱情與計劃時，要能掌握分寸，儘量用有禮委婉的方式與態度呈述意見，如此更能使自己的想法被採納，進而獲得上司的賞識與重用。

以前，日本明治保險公司有個外貌與能力都相當普通的推銷員，名叫原一平。

原一平身材矮小，其貌不揚，到明治公司應聘時，雖然被勉強錄用，但面試主考官對他說：「原一平，我想你不是做得了這種困難工作的人！」

當時，原一平屏住呼吸，無聲地注視著主考官，心裡卻吶喊著：「我偏要做給你看！」

他決計要報這一箭之仇，懷著「有朝一日必令人刮目相看」的信念，奮鬥努力了十幾年，最後竟成爲日本成交金額最多、最偉大的保險推銷員！

原一平能有如此優秀的表現，當然與他勤奮工作的精神有極大相關性，但在他工作三年之後發生的一件事情，更是促使他走向成功的最關鍵因素。

那時，剛進公司不久的原一平懷著絕對要做出成績的不服輸念頭，工作十分努力，也達到不錯的業績，在公司裡站穩了腳跟。然而，原一平並不因此滿足，他想了一個大膽新穎的推銷計劃，也就是找該保險公司的董事長串田萬藏，要一份日本大企業高層主管的名單和簡歷，直接向他們大量地推銷保險業務。

因為串田先生不僅是明治保險公司的董事長，還是三菱銀行總裁、三菱總公司理事長，是整個三菱財團的最高首腦。原一平的意圖是透過串田董事長這份名單，讓明治公司的保險業務不僅可以打入三菱所有分支企業，而且還能打入與三菱有業務往來的所有大企業。

但是，原一平卻不知道明治保險公司與三菱之間早就有嚴格的規定，即凡是從三菱到明治工作的高層主管，絕對不介紹保險客戶，這當然也包括董事長串田。

當時，原一平為自己突破性的構想與奮不已，咬緊牙關，整天坐立不安，發憤要實現自己這項推銷計劃，好洗雪三年前遭到的羞辱。

第二天，他信心十足地推開主管推銷業務的常務董事阿部先生辦公室的門，請求他代為向串田董事長要這份名單。可是，阿部聽完原一平的計劃後，緩緩說出公司的規矩，並回絕了原一平的請求。

原一平遭到拒絕後，卻不肯就此放棄，反倒問：「請問，我能不能自己去找董事長商量，當面提出請求呢？」

阿部一聽立即瞪大了眼睛，沉默了很長一段時間後才說：「你就姑且一試吧！」然後禮貌地一笑，打發原一平出去。

數天之後，有人通知原一平說董事長答應見他，這消息令他興奮不已。他來到了三菱財團總部，仰望高聳的三菱大廈，心裡又不由得一陣緊張。

他先是被帶到會客廳，並與其他求見董事長的無名小卒一樣，冷冷地被丟在一旁。這難熬的長時間等待，把原一平原本的的衝勁與熱情耗去大半，他疲倦地倒在沙發裡，最後竟迷迷糊糊地睡著了。

不知過了多久，原一平的肩頭被拍了幾下，他愕然驚醒，狼狽不堪地面對神情威嚴的董事長。

串田大喝問道：「找我有什麼事？」

還未清醒過來的原一平當即被嚇得差點說不出話，好一會兒才支支吾吾地說明自己的推銷計劃，但是才剛說：「我想請您介紹……」話語就被串田截斷，「什麼？你以為我會介紹保險這玩意嗎？」

原一平原先也曾想到請求會被拒絕，還準備了一些辯駁的理由，但他萬萬沒想到串田會這麼乾脆地打斷他的話，還輕蔑地把保險業務說成「這玩意」。

原一平霎時被激怒了，甚至不顧一切地向串田吼道：「你這混帳傢伙！」他的聲音非常大，使整個會客廳迴盪著他的怒吼聲。串田沒想到原一平會如此回覆他，不由得向後退了一步。

但原一平還餘怒未消，接著大聲說道：「你剛才說保險這玩意，對不對？保險怎麼了？它不也是公司的業務嗎？你這樣還算是公司的董事長嗎？我這就回去公司向全體同事轉達你說的話！」

原一平說完轉身就走。

一個無名小職員竟敢頂撞、痛斥高高在上的董事長，使串田氣憤不已。但他很快就冷靜下來，反而開始仔細思考這位小職員的大膽計劃，並發現其實這個計劃除了不符合原有的規定之外，確實是一個會為公司帶來巨大利益的好構想。

原一平走出三菱大廈後，心裡仍然無法平靜，為自己的計劃被輕率拒絕感到又氣惱又失望，坐在路邊胡思亂想了好長一段時間，才無精打采地回到保險公司，向阿部陳述事情的經過，並口頭提出請辭。

但就在這個時候，阿部的電話鈴響了，電話正是串田打來的。他告訴阿部剛才原一平對自己惡語相向，但原一平走了以後他不禁深思再三。

串田接著說：「保險公司以前的規定確實有偏差，原一平這項計劃是正確的，我們也是保險公司的高級主管，理應為保險公司貢獻力量，幫助公司開展業務。所以，我們還是加入保險吧！」

放下電話後，串田還立即召開臨時董事會。會上決定，凡是三菱的關係企業都必須把全部退休金投入明治公司，作為保險金。

當晚原一平回到家就收到串田的來信：「今天你特地來找我，我卻沒有善待你，實在失禮至極。明天是週末，若不嫌麻煩，願你能撥冗到舍下一趟。」

第二天，串田不僅親切接待原一平，還為他特地定做西裝、襯衫、皮鞋。串田說：「一個優秀的推銷員必須有像樣的外表。」

原一平感動得差點掉下眼淚，誠懇地向串田鞠躬道歉，並且為自己的無禮行為深感內疚，又詳細地陳述了自己構思的推銷計劃。

經過他和董事長的第二次溝通，原一平不僅贏得董事長的敬服，還獲得董事長日後全面支援的允諾。

透過這個重要人脈，原一平逐步實現了自己遠大的計劃。

之後，他在三年內創下了全日本第一的推銷紀錄，到四十三歲後連續保持十五年全國推銷冠軍，而且連續十七年推銷額達百萬美元！

顯然，原一平與上司的第一次溝通完全失敗，他竟然當面向董事長咆哮，如果不是因為串田先生是一位大度的人，原一平可能就此丟掉飯碗。

但是，原一平雖然無禮，卻不乏對保險工作的熱誠，因此使他有第二次和串田溝通的機會。在第二次溝通中，雙方終於達到了良好的溝通效果，於是原一平也得到了上司的賞識。

由原一平的成功例子可知，若想得到上司賞識，利用對方的關係達成自己目的，工作能力與熱情是必不可少的條件。

必須留意的是，現實職場中的上司不是人人都像串田先生般如此大度。因此，表達自己的熱情與計劃時，要能掌握分寸，儘量用有禮委婉的方式與態度呈述意見，如此更能使自己的想法被採納，進而獲得上司的賞識與重用。

掌握技巧，適時提出要求

人的情緒處於高漲期時，心理具有較大的可容性，往往更能接受別人的意見和要求。因此，下屬向上司提出要求時，應選擇在他心情好、情緒高昂的時候。

與上司往來的過程中，工作乃至個人私事上難免會出現一些問題與困難，需要向上司尋求幫助。

這是正常、無可厚非的現象，只要要求不是太過無理，就不會影響自己與上司的關係，況且上司也有責任幫助下屬解決困難。只是在提出要求時，下屬應把握原則、注意策略、掌握分寸，以求得最佳效果。

下屬向上司提出要求時，既可以在正式場合提出，也可以在非正式場合提出；既可以坦誠表達，也可以含蓄請求。但不管採取何種方式，都應在表達方法與要求程度上注意以下幾個問題：

●正確認識和評估自我

傑勒德．I．尼爾倫柏格說過：「自知才能知人。」

正確進行自我認識和評估，是向上司提出要求並使要求獲得成效的前提條件。「提出要求」實際上是下屬向上司表達期望和尋求滿足。這種期望是否合理並獲得滿足，很大程度上取決於能否對自己進行正確的認識和評價。

若能夠正確地認識和評價自己，對上司提出要求時，就會多考慮上司的情況，使提出的條件容易爲上司接受。

相反的，若對自己的認識和評估過高，提出的要求就容易不切實際，一旦要求內容超越了上司的接受範圍，雙方就可能因此陷入僵局。

另一方面，如果對自己的評估過低，導致應該大膽交涉的問題不敢提出，應該爭取的合理權益沒爭取到，這就會使結果不盡如人意，無法滿足自身的需求。

由此可見，過高或過低地認識和評價自己，都不利於維護和發展自己和上司之間的良好關係。

●正確認識和評估上司

正確認識和評估上司，也是使所提要求得到滿足的一項基本條件。下屬必須對於上司的管理方式、思考模式、心理偏好都有大致的瞭解，這樣才能針對性地提出要求，使自己的要求取得理想的成果。

正確認識和評估上司，與正確認識和評估自己的途徑基本相同，一是要依靠自己的知識和經驗，分析上司過往的行爲舉止與決定，了解他的行爲和思考模式；二是依靠他人幫助，以利於加強自己對於上司的認識；三是要以變化和發展的觀點來認識和評估上司。

●要兼顧雙方的需要

傑勒德．I．尼爾倫柏格還曾說過：「在一場成功的談判中，每一方都是勝利者。」

提出要求實際上也是一種談判。

因此，作爲下屬就必須在維護自己需求的同時，充分兼顧上司的需求和處境，這樣才能使這場「談判」成功，使自己向上司提出的要求取得想要的結果。

上司的需求是多方面的，其中最主要的有兩項，一是管理工作的效率需求，二是維持和強化自己權力的需求。

下屬向上司提出的要求，一旦危及上司這兩種需求，必然會引起上司極大的反感，結果當然會對下屬提出的要求斷然拒絕。

有些人與上司交涉問題時，只知滿足自己的需求，毫不顧及上司的需求與處境，這是導致失敗的一個重要原因。只要掃除這個障礙，與上司商討各類問題時，尊重自己的同時也尊重上司，這樣就能創造良好的談話氣氛，建立起相互信任的情誼，使上司認眞、通情達理地考慮那些要求。

●把握所提要求的性質

向上司提出要求、商討問題時，從性質上劃分，又有積極和消極之分。

所謂積極性質，是指從建設性的目的出發，把向上司提出要求看作是一項合作，在互惠互利的基礎上表現的行為。

所謂消極性質，是指從破壞性的目的出發，對上司口出不遜、牢騷指責，甚至加以謾罵和要挾，企圖以此達到要求的目標。

一般說來，採取積極性質的談話，容易使上司接受，順利達到目的。相反的，採取破壞性質的談話，不易被上司接受，結果往往自食苦果。

因此，向上司提出要求時，一定要從積極性質的角度出發，防止消極性質。

•把握所提要求的界限

要求的界限，是指向上司提出要求時，向良性發展或向惡性發展的分界線。就實際層面而言，要求是一種具有雙向發展可能性的行為過程，既可能往好的方向發展，也可能往壞的方向發展，關鍵就取決於界限，一旦越過臨界點，就會使發展走向負面。

有些人以為對上司提出的要求越高越好、條件越嚴越好，已經接近臨界點了猶不警覺，這種心態往往使雙方的交談產生負面效果。

因此，向上司提出要求時，必得把握「過猶不及」與「見好就收」的原則，不可一味提高條件。

要把握所提要求的界限，取決於許多條件，主要有如下幾點：

• 上司滿足要求的承擔能力：若上司承擔能力強，對於部屬要求的界限就會較寬，反之就會比較窄。

• 上司對要求的理解程度和重視程度：若上司對該項要求的理解比較深入又比較重視，要求的度量界限就比較寬，反之就會比較窄。

• 上司對下屬的瞭解程度與彼此間的親疏關係：若上司對下屬瞭解深入、彼此關係密切，這個界限就會相對較寬，反之則會比較狹窄。

除了上述三點之外，提出要求的時機選擇、上司的性格特點和情緒變化等等，也是影響度量界限寬窄的重要條件。

●妥善掌握談話技巧

向上司提出要求，實際上就是語言的溝通和說服，因此，掌握一定的談話技巧十分重要。向上司提出要求的談話技巧主要有如下數項：

●說話要適度：該說的話要說得充分清楚，不該說的話最好不要說。例如，向上司提出職位晉升的要求時，應該客觀介紹自己各方面的強項與優點，不應該指責其他競爭同事的缺點和不足。否則，上司會感到這名下屬在挑撥離間或另有目的。

●言語要明確：有些人與上司談話時，往往把自己的要求和願望說得模稜兩可，用含混不清的委婉詞語與上司周旋，使上司抓不著重點，因而效果往往不佳。

正確的做法是，刪去一切不必要的修飾，直截了當、簡短明確地表達意願和要求，使上司很快把握談話的重點，這樣效果往往會較好。

●接受上司正確的批評和意見：談話過程中，上司有時會對下屬提出的觀點或意見批評與指正，只要這些批評正確，作爲下屬就應接受，切不可強詞奪理、固執己見。即使雙方看法有分歧，也要尊重上司的意見。

• **恰當選擇談話時機**：時機選擇是否適當，對於所提要求能否達到目的有很大的影響。

心理學家的研究結果證明，人的情緒有高漲期與低落期，當人的情緒處於低落期時，思維呈現封閉狀態，心理具有反抗性，在這時候，別人與他交涉問題，往往不容易成功。

相反的，當人的情緒處於高漲期時，思維會呈現開放狀態，心理具有較大的可容性。在這個時期，往往較能接受別人的意見和要求。

因此，下屬向上司提出要求時，一般應選擇在他心情好、情緒高昂的時候，不宜選擇在工作繁忙，或上司情緒低落、不愉快的時候。

• **必要時透過第三者**：透過第三者又叫做利用代理人。

培根在《論談判》一文中說過，對於有些事情，「與其本人出面交涉，不若假手第三者。」

每個下屬都知道，並不是什麼話都可以對上司說。若是有些事情需要告訴上司，卻又怕碰釘子或難以啓齒，不妨另找一個中間人代替自己。

就算第三者溝通不成功，也能使自己依據溝通結果做出判斷，再決定是否需要向上司當面提出要求，以及怎樣提出要求較合適等等。

如果在向上司提出要求時，可以做到上述幾點，就能使要求更容易達到效果，並能進一步獲得上司的信任和青睞，使自己的職位更上一層樓。

要經營人際關係，也要保持一定距離

要跟同事保持適當的距離，不可距離太遠，以便彼此配合；但也不可距離太近，搞小團體的後果多半是被上司剷除。

在通往大海的河流上，一艘小船順流而下，前方等待它的是無數急流險灘、岩石暗礁。想順利抵達目的地，小船上的船員必須分工合作、齊心協力。舵手要牢牢把握前進的方向，操槳手要提高警覺使小船避開那些隱蔽的危險，操帆手要保證小船有充足的風力。

同樣的道理，在追求成功的道路上，每個人都需要有人和自己攜手合作，大家各自扮演好「舵手」、「操槳手」、「操帆手」的角色，唯有如此，才能達到共贏共利的目的。

至於那些和自己攜手合作的人，就是職場上的同事、搭檔、合夥人……等等和自己擁有相同目標的人，有效借助他們的力量，是使自己取得成功的重要條件。同事、搭檔、合夥人之間如果能夠通力合作，能夠獲得比單槍匹馬大得多的力量。相反的，彼此之間若是各懷異心、貌合神離，甚至心存芥蒂，那麼不但雙方關係會迅速惡化，也會帶來不可估量的損失與傷害。

同事、搭檔、合夥人之間，雖然地位相近，但由於工作效率不同或者分工內容不同，常常導致彼此待遇有所差異，這些差異又往往會在同事之間產生嫉妒、不滿等負面情緒。

那麼，受到同事嫉妒或者自己嫉妒別人時，該如何處理彼此之間的關係呢？

這可參考古代廉頗負荊請罪的故事。

戰國時代，秦國和趙國都是強國，但秦國的實力比趙國強大許多。秦昭王因為貪圖趙國的稀世珍寶「和氏璧」，因而謊稱要以十五座城池進行交換。

趙王既不願意失去和氏璧，又害怕與秦國交惡，就在此左右為難之際，當時只不過是趙國一位官員門客的藺相如自告奮勇地送璧入秦，並經過一番鬥智鬥力之後「完璧歸趙」，立下大功一件。

之後，不甘失敗的秦王又邀請趙王參加澠池之會，圖謀綁架趙王。但由於藺相如的機智與謀略，澠池會上秦王的陰謀沒有得逞，藺相如又立下一件奇功。

因為有這兩件功勞，趙王就拜藺相如為上卿，位置在大將廉頗之上。這樣一來，藺相如上朝的時候走在廉頗前面，拿的「薪水」也比廉頗多，讓戰功彪炳的廉頗十分不滿。

廉頗忿忿不平說：「我有攻城野戰之功，藺相如只不過是靠著三寸不爛之舌而已，憑什麼他的位置在我之上？他原來只不過是個低賤的門客，跟他同朝為官實在讓我感到非常羞恥。等我見到他，一定要好好羞辱他！」

這番話傳到藺相如耳裡後，他便常藉故避開廉頗，甚至稱病不上朝，以免與廉頗產生衝突。就算出門時偶然遇到廉頗，也叫車夫讓路給廉頗，自己改走小路。

這種做法讓藺相如的下屬們感到羞恥和不解，於是藺相如解釋說：「我連號稱虎狼之國的秦國國君都不怕，難道還怕廉將軍嗎？我考慮的是，秦國之所以不敢進攻趙國，是因為有我和廉將軍在。如果我們自相殘殺導致兩敗俱傷，豈不是讓秦國乘虛而入嗎？我這是先國家之急而後私仇啊！」

有人將這番話轉達給廉頗，廉頗聽後立刻感到羞愧難當，親自到藺相如府上負荊請罪。

最終兩人盡釋前嫌，還成為生死之交，同心協力使秦國數十年不敢攻趙。

廉頗和藺相如身為「趙國有限公司」的同事，兩人一文一武，各有所長。澠池之會時，如果不是廉頗佈兵於邊境，藺相如的才智謀略就失去了強大武力做基礎。相對的，如果沒有藺相如的外交頭腦，單憑廉頗的武力也無法使問題圓滿解決。因此，只有兩個人協力合作、相輔相成，才能既使「趙國有限公司」受益，又能使兩人各自的事業蓬勃發展。

在辦公室中與同事相處也是如此，彼此負責的工作不同，薪資待遇也可能不同，但唯有彼此配合，才能使公司同事和自己受益。若是懷著嫉妒之心，只想自己獨佔鋒頭，只會對辦公室裡所有人造成傷害。

但是，與同事打好關係、彼此合作，並不意味要和同事們拉幫結夥，形成一個獨立或有所圖謀的小團體。

在一個公司或組織的內部，常常由於地域、出身、學歷、共同愛好等等因素不同，造成某些同事之間的關係比較密切，形成一種不固定的非組織型群體。說這種小團體是非組織型群體，是因爲這個群體中的成員雖然交往頻繁，但一般沒有明確的共同目標，也沒有明顯的組織結構。但如果這個群體進一步發展，導致群體中的成員常常爲了自身的利益而排斥非群體的成員，就會逐漸變爲具備一定獨立性的團體，這種團體在古代稱之爲「朋黨」。

朋黨的出現對任何公司來說，都是有害無益的。

這是因爲，朋黨組織常常將本身的利益放在第一位，造成整體單位的凝聚力下降、內耗增加，以及工作效率降低。

也許有人會認爲，在公司內部擁有一群「好夥伴」，會讓自己的人際關係更加牢固，但從最高管理者的角度來看，多半不願意看到獨立又難以控制的小團體。

從歷史經驗來看，朋黨組織大多沒有好下場。

漢武帝時，以魏其侯竇嬰和武安侯田蚡為首的兩家外戚勢力互相爭鬥，雄才大略的漢武帝隔岸觀火，使兩家朋黨互揭陰私。將兩黨的底細都摸得一清二楚後，漢武帝迅速將兩大朋黨全部剷除，牢牢地將內外大權掌握在自己手裡。

唐朝時，則有以牛僧儒和李德裕為代表的「牛李黨爭」，兩黨歷時四十多年的互相傾軋，最後以牛李二人先後死去告終。

北宋時，又有王安石為首的「新黨」和司馬光為首的守舊派之間的爭鬥，以及程頤、程顥為首的「洛黨」和蘇軾為首的「蜀黨」之間的紛爭等。

所幸，宋朝有不殺文官的規矩，黨爭的失敗者最多不過是被貶官流放而已。

明朝時，有以大太監魏忠賢為首的「閹黨」和「東林黨」之爭，魏忠賢最終上吊自殺，家產被抄。

清朝康熙皇帝在位時，有權臣明珠和索額圖之間的明爭暗鬥，結果也被康熙皇帝一併消滅。

種種朋黨之爭，下場多半悲慘萬分。由此看來，經營人際關係是有必要的，但在工作場合私結朋黨卻不可取。

在辦公室裡，要跟同事保持適當的距離，不可距離太遠，以便彼此配合，爲彼此跟公司牟利，但也不可距離太近，因爲搞小團體的後果，多半是使整個團體被上司剷除。因此，同事之間唯有以公事爲重的眞誠合作，才是最適當的做法。

09

借力使力，培養良好情誼

如果只考慮自己而不顧及他人，不但造成工作效率降低，也會使同事感到不愉快。為了保持同事間和諧的氣氛，必須顧及每個同事的不同立場。

良性競爭，才會使彼此更有所成

同事之間的競爭應該在公平、合理的氣氛中進行，不能以貶低、攻擊對方為目的，如此才能處於良性競爭之中，為彼此與公司帶來更大利益。

同事之間除了分工合作以外，還存在著升遷、加薪等以物質利益爲目的的競爭。如果同事之間的競合是良性的，那麼不僅有利於彼此能力和素質的提高，而且有利於整體企業的進步與發展。

相反的，如果同事之間的競合是勾心鬥角、不擇手段，這種惡性互動，不僅會摧毀彼此的人際關係，也會爲企業帶來內耗和損失。

因此，想要借助同事力量向上爬的人，應該使自己處於良性競爭的氣氛之中，在自己與同事的關係上，既互相合作又互相激勵，使雙方都能夠在良性競爭的道路上共同走向成功。

春秋戰國時代，孫臏、龐涓、蘇秦、張儀這四個人都是鬼谷子的弟子，彼此是同學關係。這四人出師以後，孫臏與龐涓是運籌帷幄、決勝千里的軍事統帥，蘇秦與張儀則是憑著三寸不爛之舌遊說諸侯的縱橫之士。

然而，這兩對同學之間不同性質的競爭，卻使這四人得出完全不一樣的結果，也爲現代人帶來無限省思。

蘇秦的年紀比張儀大，成名也比張儀早，當蘇秦獲得趙王信任並施展「合縱」計劃的時候，張儀還是沒沒無聞的待業人士。

然而，即將出使各國的蘇秦一方面害怕在六國聯盟尚未形成前，秦國就趁機攻打各國，一方面又考慮到沒有合適的人選可以派往秦國，出於對張儀才華的欣賞，他就派了個人暗中慫恿張儀說：「你當初和蘇秦感情很好，現在蘇秦已經有權了，你為什麼不多親近他以實現功成名就的願望呢？」

張儀被說服了，就來到趙國呈上自己的名帖請求會見蘇秦，但是，蘇秦卻冷落了他好幾天才接見他。

接見張儀的時候，還讓他坐在堂下（表示疏遠和輕視），又給他和奴僕侍妾一樣的飯菜，並且屢次挖苦他說：「憑你的才能，卻讓自己窮困潦倒到這種地步。是我蘇秦無法拉拔你嗎？只是你不值得重用罷了。」

說完，蘇秦就把張儀打發走了。

張儀前去投靠蘇秦時，本來認為大家是「老同學」，應該能借蘇秦之力求得一官半職，不料反而被蘇秦羞辱。

被激怒的張儀既想證明自己比蘇秦強，又考慮到只有秦國才能讓趙國俯首稱臣，於是就西入函谷關到秦國求發展。

孤身入秦的張儀無親無故，到了秦國咸陽不久就窮困潦倒。就在他走投無路的時候，和他投宿在同一家客棧的一個有錢人慷慨幫助他，提供他衣食、財物和車馬，又花錢賄賂了秦國的大臣，使秦王得以接見張儀。

張儀的舌辯之術不在蘇秦之下，很快便得到秦王的信任。此時，那個資助張儀的有錢人卻要告辭離開。張儀說：「我靠您的鼎力相助，才得到如今顯貴的地位，現在我正要報答您的恩德，為什麼要走呢？」

那人卻說：「我其實是蘇秦門下的食客，我並不瞭解您，真正瞭解您的是蘇先生啊！蘇先生擔心秦國攻打趙國，破壞合縱聯盟，認為除了您，沒有誰能掌握秦國的大權。但是，他又擔心您以眼前的小利自滿而不能成就大業，所以當初才故意羞辱您，這是使您奮起的激將法啊！」

這時才恍然大悟的張儀說道：「唉呀！這激將之術我也學習過，然而我當時卻沒有察覺到，我真是沒有蘇秦高明啊！請替我感謝蘇先生，蘇先生當權的時候，我張儀怎敢奢談攻趙呢？」

蘇秦用激將法激起了張儀的競爭之心，結果在兩人的競爭之中，蘇秦成爲佩帶六國相印的「縱約長」，張儀也成爲秦國的宰相。很顯然，蘇秦、張儀之間的競爭是良性、是利於個人進步的。

至於龐涓，恰恰與此相反，出於對孫臏的嫉妒，採取不擇手段的惡性競爭方式。

龐涓怕孫臏才能高於自己，日後會取代自己的地位，就假意邀請孫臏來到魏國，卻誣陷他是齊國的「間諜」，並以此為罪名對他施以臏刑（挖掉膝蓋骨），並在臉上刺字。最後，孫臏靠著裝瘋才躲過龐涓進一步的迫害，並逃回齊國。

孫臏回到齊國後，用「以上駟對彼下駟」的計策小露身手，幫助將軍田忌贏得賽馬，因而得到齊王的重用。

數年後，魏國和趙國爆發戰爭，龐涓帶領大軍圍困趙國都城邯鄲，趙國派使者向齊國求救。身為齊國軍師的孫臏得到報復龐涓的機會，於是用「圍魏救趙」的計策大敗龐涓於桂陵，但龐涓卻幸運地逃回魏國。

十年後，齊魏兩國之間再次爆發戰爭，這次孫臏則使用「減灶誘敵」的計策誘使龐涓率兵冒進。

孫臏預計魏軍將在晚間到達馬陵，馬陵道路狹窄、地勢險要，周圍又多密林，正是設伏殲敵的好戰場，便在道路兩旁埋伏一萬名善射的弓弩手，下令說：「夜裡一發現火光，就一起放箭。」

說完，他刮下一棵大樹的樹皮，在白色的樹幹上寫下八個大字：「龐涓死於此樹之下。」

當晚，中計的龐涓果然率領軍隊追到山谷中，此時一名士兵發現樹上有字。龐涓連忙叫人取火把來照明，剛把那八個大字讀完，埋伏的齊軍就萬弩齊發，魏軍紛紛中箭。

龐涓自知智窮兵敗，恨恨地說道：「孫臏，今日我就讓你成名！」說完，便拔劍自刎了。

龐涓由於嫉妒孫臏的才能，採取人身攻擊這種非正當的競爭手段，結果卻是引火燒身，最終落得身首異處的下場。

這與蘇秦、張儀大爲不同的結局告訴人們，同事之間的競爭應該在公平、合理的氣氛中進行，並以有利於自我提高爲目的，不能以貶低、攻擊對方爲目的，如此才能處於良性競爭之中，爲彼此與公司帶來更大利益。

獲得同事支持，就能贏得上司賞識

想獲得升遷，僅有上司的賞識還不夠。同事一句稱讚之語，會堅定上司提拔某人的信心；但一句詆毀之言，則可能輕易斷送這個人的前程。

康橋大學心理學家羅倫斯曾經說：「人人都需要可以分擔憂愁與煩惱的同事，尤其是私交不錯的同事。」

同事之間需要互相幫助的地方除了工作領域之外，在日常生活中也應該設法互助互利。在同一個辦公室裡，同事之間往往會結下深厚的私交。白天在公司一同工作，下班之後則一同吃晚餐或出外玩樂。如果同事之間能夠培養出深厚的友誼，將對工作產生積極的幫助作用。

在事業、工作上遇到了不順心的事想向人傾吐煩惱時，許多人選擇的第一對象很可能不是家人，而是與自己私交甚篤的同事。因爲同事和自己處於同樣的工作環境中，更能體會工作不順的委屈和感受。

另外，當自己和上司由於意見分歧而產生衝突時，處於兩者之間進行協調的往往是同事。甚至想跳槽離開目前工作環境時，首先得到消息的往往也是同事。

幾乎可以說，當一個人踏入社會，同事就成爲除了家庭之外關係最密切的人。因此，同事之間若能發展友誼、互相扶持，就會爲事業成功奠下良好的基礎。

況且，一個人如果想獲得升遷，僅有上司的賞識還不夠，同事們的評價如何，將是此人能否升遷的關鍵之一。在這種情況下，同事們一句稱讚之語，會堅定上司提拔某人的信心；一句詆毀之言，則可能輕易斷送這個人的前程。

房玄齡和杜如晦都是輔佐唐太宗成就「貞觀之治」的名臣，房玄齡善於謀劃，杜如晦則善於決策，人稱「房謀杜斷」。房玄齡和杜如晦兩人很早就開始跟隨李世民，彼此性格相投、私交很好，經常一同飲酒。

房玄齡較早受到李世民器重，由於知人善任，幫助李世民選拔了不少賢才。

有一天，房玄齡聽說杜如晦將被外調，急忙跑去對李世民說：「離開府僚的人雖多，但都不足惜。唯獨杜如晦聰明識達，是佐王之才。如果大王只想當秦王（當時李世民被封為秦王），不用他也行，若要圖霸天下，則非此人莫屬。」

李世民一聽大驚，說道：「你要是不說，我幾乎快失去此人了！」此後對杜如晦便加以重用。

杜如晦透過「同事」房玄齡推薦，得到「上司」李世民重用。與此相反的是，明朝的大臣夏言由於受到「同事」嚴嵩毀謗、排擠，則受到罷官奪職的處分。

夏言是明世宗時的大臣，當權後曾推薦當時還在南京任職的嚴嵩任禮部尚書。由於夏言對嚴嵩有引薦之恩，對嚴嵩的態度非常傲慢無禮，把他當做自己的門客，這種不恰當的態度使兩人的關係迅速惡化。

當時的皇帝明世宗尊崇道教，喜歡戴上道冠，還將五頂道冠賜給夏言、嚴嵩等大臣。但是，夏言認為朝官戴道冠有違祖訓，明世宗因此對夏言十分惱火。嚴嵩卻不然，不僅被召見時特意戴上道冠，還罩上輕紗以示鄭重，使皇上更加寵信他。

嚴嵩得知明世宗因夏言不戴道冠而相當不高興，便在世宗面前進讒言，說夏言不戴道冠是傲慢犯上的行為，被激怒的皇帝立即罷免夏言大學士的職務。

多年以後，夏言官復原職，再次得到皇上信任的時候，嚴嵩表面上謙恭忍讓，暗暗等待攻擊夏言的機會。

沒過多久，由於在是否收復河套地區的問題上，皇帝又與夏言產生爭執，於是嚴嵩再次詆毀夏言「好大喜功」、「窮兵黷武」，導致夏言再次罷官。

此時，恰逢韃靼出兵攻擊明朝，嚴嵩便進讒言說這是由於夏言「開邊事之畔」的結果。這一次夏言再也不能翻身，最後被處斬了。

杜如晦和夏言兩人，一個得到提拔，另一個被罷官斬首，兩個不同的結局只不過是由於「同事」的不同言論，足見在職場上經營人際關係，和同事維持良好關係是一件多麼重要的事情！

借力使力，培養良好情誼

如果只考慮自己而不顧及他人，不但造成工作效率降低，也會使同事感到不愉快。為了保持同事間和諧的氣氛，必須顧及每個同事的不同立場。

有的人自認心態健康，性格開朗，有很多優秀的才華，卻不知爲什麼處處受到同事排擠，人際關係奇差無比，根本沒有人脈可言。

其實，這樣的人通常只考慮自己的利益，毫不顧慮別人的立場，當然難以和同事和諧相處，也無法得到自己想要的助力。

同事、搭檔、合夥人之間透過分工合作、互相借力，會爲個人事業的成功帶來極大幫助；相對的，勾心鬥角的同事關係則會爲個人事業發展帶來極大傷害。

那麼，應該如何更好地與同事相處，使他們成爲自己邁向事業成功過程中的可靠夥伴呢？

關於這一點，大致有如下幾項秘訣：

•各盡本分

促使同事間人際關係圓滿的第一步，就是各人將自己分內的工作盡力完成。

如果一個人連自己分內的工作都做不好，總是連累其他同事收尾，自然無法與同事維持良好的人際關係。每一個人都應該做好分內的工作，才能得到同事的信賴，並站在平等的立場與同事交往。

各盡本分意味著除了完成自己分內的工作以外，除非同事要求幫忙，否則不宜干涉別人的工作內容。過於熱情的結果，很可能使對方認爲你好出鋒頭，或者懷疑你低估了他的工作能力。

如果和同事都是管理階層，更要按照各人的素質與特點，進行分工合作、明確責權。主要負責人要放手讓其他成員獨立進行工作，並且儘量提供支援。每個成員都要分工行權、大膽做事，做到相互支援、相互配合，不要越權，更不要對別人負責的工作妄加評論。

● 顧及同事的立場

人在某個職位工作一段時間後，就會習慣從該項職位的需求出發看待身邊的人，卻忽略了做其他不同工作的同事的立場。

例如，在同一間公司裡，業務部的人常常將工作效率低落的責任推到行政部身上，他們的理由是：「行政部沒有給我們足夠的資料。」但行政部卻往往會說：「這是因爲財務部的款項沒有及時撥下來。」受到質疑的財務部也會用「客戶部還未將欠款收回」作爲藉口。

結果，每個部門都從自己部門的角度出發看待事情，並沒有考慮到其他部門的實際情況，這常常是造成公司內部互相推諉責任、工作效率低下的主要原因。如果要獲得同事眞誠的友誼，就要拋開這些成見並從更高、更遠的視角看待問題，理解每個同事的不同立場，顧及他們的不同感受。

無論從事任何一種工作，都不可能完全由一個人甚至一個部門獨立完成，多數情況是和同事分擔工作、合力完成。

如果只考慮自己的工作狀況而不顧及他人，勢必會影響分工合作的精神，不但造成工作效率降低，也會使同事感到不愉快。

所以，為了保持同事間和諧的氣氛，必須顧及每個同事的不同立場。

●多參加聯誼活動

雖然在工作中，同事間彼此有接觸往來，但由於工作內容的嚴肅性和正式性，身處工作場所中的往來活動畢竟十分有限。因此，如果希望能和同事之間的關係有較大進展，就應該在下班之後的空閒時間裡，多參加同事之間的各種聯誼活動。

從喝咖啡、共進晚餐這種三、五人的小活動，到公司舉辦的郊遊踏青或體育比賽活動，都應該積極參加。

各種多樣的聯誼活動不僅可以創造同事間近距離接觸的機會，而且還能從中更加真實地瞭解每個同事的性格。

正如某位哲人所說：「瞭解一個人的最好方法就是和他一起遊戲。」在聯誼活

動中產生的私人友誼，會使自己和同事之間在工作上的合作更有默契。

•最好避免金錢來往

有句西方諺語說：「如果你想破壞友誼，只要借錢給對方就行了！」

雖然同事之間由於各種原因，總會有一些金錢上的往來，可是一旦金錢的往來過程中稍微有一點差錯，就會爲原本的同事情誼帶來不可彌補的裂痕。所以，最好減少同事之間金錢往來的狀況。

如果眞因爲迫不得已的原因向同事借了錢，那麼一定要在承諾的期限內足額償還，這樣便不會爲彼此間的情誼帶來什麼負面影響。如果借錢不還或拖延償還，就會使對方心中懷有芥蒂。

古往今來，因蠅頭小利而分道揚鑣、反目成仇，甚至拔刀相向的朋友不知有多少。所以，爲了避免情誼因金錢糾紛陷入嫌隙的泥沼，同事之間還是減少在金錢上往來比較好。

用真誠贏得同事的心

同事之間應該真誠相待、彼此幫助並且勤於溝通，這麼一來，就能使彼此間的誤會減到最低，使彼此保持良好的關係，當然就易於借同事之力邁向成功。

進入一個新的工作環境時，多半會感到陌生無助、戰戰兢兢，要是某些資深員工不理睬自己，還在很多事情上故意與自己作對，更讓人覺得無所適從。面對這種情況，應該怎麼辦呢？

不要武斷地認爲對方「高傲」、「老頑固」，如果想事事順利進行，需要重新審視一下自己，找出那些同事不喜歡自己的原因。更要捫心自問：無法與對方合作的原因究竟出在對方身上？還是出在自己身上？自己是不是也應該負一點責任，努力營造愉快融洽的氣氛呢？

同事間相處應以誠相待。當對方需要建議時，不要發出無意義的奉承；當對方遇到任何工作上的困難時，要盡力給予幫助，不可冷眼旁觀，甚至落井下石；當對方無意中冒犯自己時，要抱著寬容的態度眞誠原諒對方。

也許有人會質疑：「爲什麼我要對他那麼好？」

答案很簡單，因爲他是同事。

一個人每天會有三分之一的時間跟同事在一起，因而能否從工作中獲得快樂與滿足，是否敬業樂業、取得事業上的突破，都與同事有極大的相關性。

試問，若是一進辦公室，發覺人人對自己視若無睹，沒有人願意主動跟自己講話，那還能夠專注於自己的工作嗎？

以誠相待，意味對同事的才幹少一些嫉妒、多一些欣賞。以誠相待，意味將自己融入群眾之中，用風趣的言語和幽默的舉動使周遭同事感到親切。

以誠相待，意味不要在背後對某個同事說三道四。以誠相待，意味不要用「打小報告」的方式博取上司好感。

以誠相待，意味雙方都能從體諒他人的角度眞誠合作。以誠相待，意味當自己犯了錯誤的時候會勇於認錯。

要與同事維持良好關係，除了眞誠相待之外，更要在同事危難時立即伸出援手，就如法國思想家盧梭所說：「天底下只有一個辦法可以影響別人，就是想到別人的需要，然後熱情地幫助別人，滿足他們的需要。」

當同事身處困境而且需要幫助的時候，應該適時伸出援手，盡可能加以協助，這是檢驗彼此間友誼的關鍵時刻。

有些人認爲，要想在辦公室裡與同事建立同心協力的關係，可先讓別人幫助自己解決困難，那麼，對方一旦遇到問題，自己就能以回報的態度反過來幫助他。

但是，這種「你又沒有幫過我，我憑什麼要幫你」的想法，常常形成人際關係間的隔閡與障礙。

在辦公室裡，幫助同事時也就是在他的心裡埋下一顆種子，那種子在合適的時機總會開花結果。換句話說，幫助他人其實就等於幫助自己。

因此，同事間都應該本著「助人爲快樂之本」的態度和睦相處，創造共贏。

如果時時刻刻都能夠做到這一點，必定可以成爲一個受衆人歡迎的好同事。

只是，不論同事平時相處之間有多麼平和、愉快，彼此仍難免因認知上的不同使彼此意見出現分歧，這是很常見的情況。

有時候同事之間關係不佳的原因，並不在於出現分歧與矛盾，而在於不能正視矛盾，並缺乏及時的交流和溝通。而且隨著時間越來越長，問題就越積越多，最後會嚴重影響同事之間的情誼。

因此，同事相處之間遇到矛盾、出現分歧時，要立刻透過討論和協商，一起溝通解決問題。要做到工作上的問題不影響同事間的感情。

有時候，同事之間缺乏溝通的原因，是先入爲主地認爲「這點小事不用說就能明白」，忽略了與對方溝通的重要性。另一種情況，則是礙於高傲的自尊心，認爲「誰先開口誰就矮人一截」，不願主動溝通。這兩種態度都導致僵局遲遲不能被打破，最終矛盾越積越多。

「千里之堤潰於蟻穴」，即使只是最初出現的些許不快，在缺乏溝通的情況下也會蔓延擴大，許多同事之間的不和，往往就是由工作中一些雞毛蒜皮的小事不斷堆積而成的。

所以，應該學會見微知著，在矛盾剛剛出現的時候，就用坦誠的溝通化解。若是礙於面子而不願主動向對方溝通，不如用「吃虧就是佔便宜」的觀點安慰自己，或者邀請對方一起吃頓飯，彼此心平氣和地聊聊天，又或者請一位人緣好的同事居中調解，這些都是不錯的做法。

同事之間應該真誠相待、樂於彼此幫助並且勤於溝通，這麼一來，就能使彼此間的誤會減到最低，使彼此長久保持良好的關係。彼此能夠和睦相處，當然就易於借同事之力邁向成功了。

保持良好態度，與同事和睦相處

同事勝了，就向他學習長處補強自己的不足，以利於自己往後發展。若同事敗了，也不諷刺挖苦對方，應該鼓勵和安慰他們不要氣餒。

法國哲學家羅西法古說：「如果你要得到仇人，就表現得比你的朋友優越；如果你要得到朋友，就讓你的朋友表現得比你優越。」

羅西法古這句話的意思並不是要人做個甘於平庸、碌碌無為的人，而是說在與人相處的時候，不要自以為比他人優越，處處表現得盛氣凌人。

容易犯這個毛病的人多半很有能力，但太過於將自己的能力表現出來，顯得鋒芒畢露。他們用來表現自己優越能力的行為，常常是干涉同事的工作方式，或者武斷地否定或肯定一件事，這常常令他們身邊的同事感到不愉快。

和這種盛氣凌人的人相處，就如同與近在咫尺的刺蝟相處一樣，時時會感到鋒刺的存在。因此，這類人多半不討同事喜歡。

《三國演義》中，謀士許攸從袁紹處「跳槽」到曹操麾下並提出「烏巢劫糧」的計策，使曹操得以在官渡之戰中大勝袁紹並獲得冀州。

自以為立了大功的許攸從此趾高氣揚，處處表現得盛氣凌人，甚至在酒席之上直呼曹操的小名道：「阿瞞啊，你要是沒有我，可是得不到冀州喔！」

曹操只好乾笑幾聲，答道：「你說得是。」但心裡卻十分討厭許攸。

可是，曹操對許攸的容忍反而讓他更為放肆，對曹操都是如此，對他身邊的「同事」們則更加囂張了。

有一次，大將許褚從城門下經過，正好迎面遇上許攸。許攸得意洋洋地對他說：「許褚，你知道不知道，要不是我，你可進不來這個城門喔！」

許褚大怒道：「我們經歷千生萬死，身冒血戰才奪得此城，你憑什麼誇口？」

許攸卻說：「你只不過是匹夫之勇而已，何足道哉？」

許褚可不像曹操的脾氣那麼好，忿而拔劍殺死許攸。

自以為是、盛氣凌人的許攸最終被他瞧不起的「同事」所殺，不能不說是一大諷刺。在職場也是同樣，如果在與同事相處的過程中像許攸一樣，態度高傲跋扈、目中無人，雖然不太可能招致殺身之禍，但說不定也會暗中被「捅」一刀。

要想與同事和睦相處，除了態度要謙遜，不可盛氣凌人之外，另外就是要學會如何與合不來的同事相處。

畢竟職場上各色人物都有，即使自己態度良好，也難保不會遇到態度不佳，或與自己話不投機的同事。但是，為了維持自己的形象、愉快的工作氣氛，至少要表面上與這些合不來的同事好好相處。

作為一個善於處理人際關係的人，應該學會與合不來的同事往來。這當然需要一些耐心和氣度，「海納百川，有容乃大」，能容人的人不僅會贏得更多尊敬，也能在與各式各樣同事的交往過程中，不斷磨練自己的待人處世技巧，使自己的人緣越來越好。

要與合不來的同事相處，關鍵在於一個「忍」字。「忍」不代表怯懦，不代表甘於受辱，而是用博大的胸襟容納他人，用達觀的心態化解紛爭。

唐代的宰相婁師德是一位十分有肚量的人，有一次他的弟弟受到排擠，婁師德勸他忍耐，他弟弟聽完後就說：「被人唾到臉上，抹淨算了。」

婁師德卻說：「不可。抹淨，反增其怒，應該使之自乾。」

這真可謂是將「忍術」練到家了！然而，畢竟被別人吐口水到臉上卻任它自乾不是一件愉快的事，所以要想修練到婁師德這種境界實在不是件容易的事。

對此深有同感的是明朝的大臣夏元吉。

夏元吉也是一個相當有雅量的人，其他大臣有什麼好建議他就採納，其他大臣要是犯了些無關大局的小錯誤就幫忙掩蓋，即便有些大臣攻擊他，他也不反唇相譏。

有人曾經問他：「肚量可以學習得來嗎？」

夏元吉說：「我年輕的時候，遭人冒犯我也會發怒，只不過是忍在臉上不表現出來；到了中年，就能忍在心裡；等到現在，就沒有什麼不能忍的了。」

由此可見，肚量是可以經由後天培養的！只要能用寬容的肚量與合不來的那些同事好好相處，就會讓自己的人際關係更加和諧。

同事關係除了分工合作、共同奮鬥以外，還無時無刻存在著競爭。在同一家公司裡，職位相同的同事既是互相合作的搭檔，也是爭取升遷職位的競爭對手。因此，要處理好同事之間的關係，就必須先正確認識同事之間的競爭，並以合適的態度面對競爭。

在現代社會中，競爭是不可避免的。

每個人都免不了有爭強好勝之心，而且競爭又有利於促進個人成長，有利於個人抱負實現。對公司或企業而言，同事之間的競爭則有利於提高工作效率。

競爭確實存在，卻不應該不擇手段地贏得競爭。同事之間的競爭應該是正當、有利於自我提昇的能力之爭，不應該成爲賭氣鬥狠的意氣之爭。

如果競爭對手強於自己，不要氣餒，應該抱有吸取對方長處的正確心態。

著名數學家華羅庚說過：「『下棋找高手，弄斧到班門。』這是我一生的主張。

只有在能者面前不怕暴露自己的弱點，才能不斷進步。」

因此，同事之間的競爭要以共同提高能力、互勉共進爲目的，以積極的心理投入競爭當中。

有競爭總是要分出勝負，同事之間分出勝負的結果往往關係到升遷和加薪，這種充滿誘惑的獎品常常令人失去理性的心態，在競爭中不擇手段。但是，善於經營人際關係的人不會這樣，他們總以平常心來看待自己與同事的競爭，認爲勝要勝得光明磊落，輸也要輸得坦坦蕩蕩。

在競爭中同事勝了，就向他學習長處補強自己的不足，以利於自己往後發展。若同事敗了，也不諷刺挖苦對方，應該鼓勵和安慰他們不要氣餒。

只有這樣，才能使同事之間的競爭維持在正常範圍內，不影響同事之間的合作關係和友誼。

避免與同事發生衝突

要減少同事之間的紛爭，避免與同事發生衝突，應放低姿態，並在不傷及對方自尊心的前提下，委婉提出自己的反對意見。

同事之間由於工作內容上的分歧和性格上的不同，總會有意見相左，甚至言語衝突的時候，這是處理人際關係過程中的一個危險信號。如何處理自己與同事之間的分歧，避免分歧進一步演化爲難以協調的衝突，是每個成功人士必修的課題。

避免同事間發生衝突的關鍵是，在任何情況下，同事間的分歧應該以討論而不是爭吵的方式解決。只要心懷解決問題的善意，討論也始終對事不對人，意見分歧的雙方就能透過討論獲得共識與收穫。相反的，那種毫無分寸和理智的爭吵，在拚命維護自己的同時激烈攻擊對方，只會使分歧激化爲猛烈的衝突。

討論的原則是，要用無可辯駁的事實及從容平靜的話語溝通，不要用大聲斥責和激烈的肢體語言試圖壓制對方的意見，迫使對方沉默而達到說服對方的目的。

其實，大部分爭吵產生的原因，不是由於人們說出的內容，而是他們說出這些內容的方式。

不論用什麼方式指責別人，如用輕蔑的眼神、冷漠的聲調、無禮的手勢等等，都會直接打擊對方的自尊心，這只會使他想猛烈反擊，不可能被說服並改變主意。

義大利天文學家伽利略說：「你不可能教會一個人做任何事情，你只能幫助他自己學會做這件事情。」

所以，千萬不要用頤指氣使的語氣與同事對話。

英國十九世紀的政治家查士德．裴爾爵士也說：「如果可能的話，要比別人聰明，卻不要告訴人家你比他聰明。」

不要用輕視同事的方式證明自己比他聰明、優秀，這只會引發衝突和紛爭。

美國政治家、科學家，也是《獨立宣言》的起草者班傑明．富蘭克林，在他的自傳中敘述了他如何克服愛爭辯的壞習慣，使他成為美國歷史上最能幹、最和善、最圓滑政治家的歷程。

富蘭克林還是個毛躁的年輕人時，有一天，一位老朋友對他嚴厲地訓斥了一頓，大意是說：「你真是無可救藥。你已經打擊了每一位和你意見不同的人。你的意見變得太珍貴，使得沒有人承受得起。你的朋友發覺，如果你不在場，他們會自在許多。你知道得太多了，沒有人能再教你什麼，也沒有人打算告訴你些什麼，因為那樣做只會吃力不討好，又弄得彼此不愉快。因此，你不可能再吸收新知識，但你的舊知識畢竟有限。」

富蘭克林接受了這個慘痛的教訓，因為這位朋友的訓斥使他發現自己正面臨社交失敗的命運。猛然醒悟的他於是決心改掉傲慢粗野的好辯習性。

「我為自己立下了一條規矩，」富蘭克林說：「絕不正面反對別人的意見，也不准自己太武斷。我甚至不准許自己在文字或語言上措辭太肯定。我不說『當然』、『無疑』等，改用『目前在我看來是如此』。當別人陳述一件我不以為然的事時，我絕不立刻駁斥他，或立即指出他的錯誤。我會在回答的時候，表示在某些條件和情況下他的意見沒有錯，但在目前這件事上，狀況看來好像稍有不同等等。」

「我很快就體會到改變態度的收穫，凡是有我參與的談話，氣氛都相當融洽。我以謙虛的態度表達自己的意見，不但使意見容易被接受，更減少了與他人的衝突。當我發現自己的想法有錯時，也沒有什麼難堪的場面，但當我碰巧是對的時候，更能使對方不固執己見而贊同我。」

「我一開始採用這種說話方法時，確實覺得和我的本性衝突，但久而久之就越變越容易，進而成為我的習慣。而且由於這種習慣的幫助，使我在提出新法案或修改法律條文時，能夠容易得到同胞的重視與認同，並且在成為議會的一員後，具有不小的影響力。」

如果把富蘭克林的方法用在與同事相處的問題上會怎樣呢？成功學大師卡內基在他的書中講述了這麼一個故事，也許能回應這問題。

北卡羅萊納州玉山市的凱撒琳．亞爾佛瑞德是一家紡紗工廠的主管，她的職責是設計及維持各種激勵員工的辦法和標準，以使作業員能夠生產出更多紗線。

凱撒琳發現，當最初生產率較低，只能生產兩三種不同紗線的時候，工廠原來採用的辦法還很不錯。但是，隨著產品專案的擴大和生產量的提高，老辦法便無法再激勵員工提高生產率了。

凱撒琳為此設計出一個新辦法，使工廠能夠根據每一個作業員在任何一段時間裡所生產出來的紗線等級，給予適當的報酬。凱撒琳認為這種把產品質量和報酬相互結合的方法，將能大幅提升員工們的工作效率。

設計出這套新辦法之後，凱撒琳參加了一場高層主管會議，決心要向廠裡的同事們證明她的辦法比較正確有效。

凱撒琳說：「我詳細說明過去採用的辦法是錯誤的，並指出從前的激勵措施不能給予作業員公平的待遇，以及我為工廠準備的新解決辦法。但是，我完全失敗了。我太忙於為我的新辦法辯護，完全沒有留下餘地，讓其他同事能夠不傷自尊心地承認老辦法確實有錯誤，於是我的建議也胎死腹中。」

「深深瞭解我所犯的錯誤之後，我請求大家召開另一次會議。在這一次會議中，我請同事們指出癥結到底在什麼地方。我們討論每一個要點，並請他們說出最好的解決辦法。在適當的時候，我用建議的方式引導他們按照我的意思提出辦法。等到會議結束的時候，實際上也等於我把我的辦法提出來了，而且同事們也樂意接受這個辦法。我現在深信，如果你率直地指出某個人的不對，不但得不到好效果，而且還會對人造成很大傷害。你指責別人只是剝奪了別人的自尊，並且使自己成為不受歡迎的人。」

由凱撒琳的故事可知，當與同事產生意見上的分歧時，爲了避免衝突發生，應該採取理性、平和的態度表達意見，以取得同事的理解，絕不可以用抨擊對方的方式爲自己辯護，如此只會引起對方強烈反彈。

要減少同事之間的紛爭，避免與同事發生衝突，應放低姿態，並在不傷及對方自尊心的前提下，委婉提出自己的反對意見。唯有如此，雙方才能心平氣和地討論問題，進一步得到共識。

分工合作，才能得到最佳效果

要想在事業上獲得成功，單靠自己無法完成所有工作，因此好同事和好搭檔至關重要。若能與同事分工合作，彼此發揮所長，必能為彼此帶來最大利益。

分工合作、互相憑藉對方的力量成就一番事業，不僅在古代社會是如此，在現代企業、個人也是如此，而且隨著社會分工日益增多，這種相互憑藉、相互合作的趨勢仍然在不斷增強。

一個人要想在事業上獲得成功，單靠自己必無法完成所有工作，因此好同事和好搭檔對人來說至關重要。

當上個世紀七〇年代電腦產業剛剛興起的時候，蘋果電腦公司的創辦人賈伯斯和沃茲尼克透過彼此之間完美的合作獲得巨大成功，直到今天，蘋果公司不但手機領域獨霸全球，蘋果電腦依然是繪圖設計和３Ｄ製作領域的最佳選擇，在在說明分工合作、相互支援的重要性。

賈伯斯和沃茲尼克在小學讀書的時候就彼此認識了，他們第一次見面是在一個朋友家的車庫裡。那次見面時，沃茲尼克使賈伯斯留下了深刻的印象，因為沃茲尼克自己動手製作的一台電腦，剛剛在舊金山海灣地區科學展覽會上得首獎。

多年後，各自從大學退學的賈伯斯和沃茲尼克在矽谷碰面時，決定一起合作製作一塊電腦線路板，這成為蘋果電腦公司的開端。

賈伯斯和沃茲尼克製造的蘋果I型電腦，在「自製電腦俱樂部」（**由幾百名電腦迷在史丹佛大學校園裡組成的協會**）展出時，人們佩服不已，連賈伯斯和沃茲尼克的朋友們都想要一台這種電腦。

賈伯斯說：「我們把全部時間都用於幫他們製作電腦，我還把汽車賣了，沃茲尼克也把他的電腦賣了，總共湊出一千三百塊錢。我們出錢請一位朋友為這種電腦設計一塊印刷線路板。我們算了算，可以製造出一百台電腦，就算每台賣五十美元，還可獲利兩千五百美元，那又能買回我們的汽車和電腦了。」

沃茲尼克和賈伯斯花了六十個小時才組裝好他們的第一台蘋果電腦，後來得力於印刷線路板的幫助，他們只需花六小時就能組裝一台電腦。無心插柳柳成蔭，沃茲尼克和賈伯斯為了滿足朋友的需求，結果居然創建了微型電腦工業。

這兩個合夥人是在賈伯斯父母的車庫裡組裝電腦的，當時，那房子裡堆滿了塑膠包裝的半導體晶片和印刷線路板。沃茲尼克由於非凡的電腦天分，主要從事技術性工作，至於賈伯斯則主要負責公司的經營、銷售、法律等等行政事務。

賈伯斯每天都得花好幾個小時，用他父母的電話做業務聯繫工作、請律師諮詢、請公關公司設計廣告。

賈伯斯和沃茲尼克經過了一個夏天的奮鬥，開始認識到小本經營的方式已經過時了，正如賈伯斯所說：「大約在一九七六年秋天時，我發現市場的擴大速度比我們發展的速度更快。所以，我們必須籌措更多資金。」

一開始，他們說服貝蒂商店試用蘋果電腦，結果市場反應出乎意料的好，於是在初創階段，貝蒂商店的興隆便與蘋果電腦的商機成功聯繫在一起。兩年之內，貝蒂商店成為一間有七十五家連鎖商店的企業，蘋果電腦的業務拓展也越來越順利。

進入八〇年代，蘋果電腦公司的業務走出美國，開始擴展到世界各地。除了在矽谷進行核心業務活動之外，蘋果公司還在新加坡、愛爾蘭等地設分廠生產。由於公司事業的長足發展，一九八三年的時候，賈伯斯宣稱，蘋果公司已使雇員中的三百人成為百萬富翁（**當時蘋果電腦的職員約有三千五百人**），他自己以及沃茲尼克的身價就更不用說了。

蘋果電腦的成功是賈伯斯和沃茲尼克兩人共同合作的結果，沃茲尼克提供他高明的技術，賈伯斯則使蘋果公司以現代企業的面貌出現在世人眼前，少了他們之中的任何一個，蘋果電腦公司都不會有今天的成就。

由蘋果電腦的成功經歷可知，團隊合作的效率與成績，會比個人單打獨鬥優秀非常多。所以，若能與同事或夥伴分工合作，彼此發揮所長、截長補短，必能爲彼此帶來最大利益。

10

考量對方利益，建立良好關係

要借助他人之力獲取成功，就要使雙方合作達到雙贏的局面，

就要懂得站在對方的角度為他著想。

唯有如此，彼此才能常保互惠互利的良好關係。

採納他人建議，完善自己

採用他人正確的意見，不僅能提高自己成功的機會，而且有利於建立良好的人際關係。這種做法意味著對對方的尊重和認可，自然會得到對方誠心的幫助。

大家都知道，豐沛的人脈有利於自己更快有所成就，因此立志出人頭地的人，莫不勤加學習活用人脈經營的技巧。人際關係就是邁向成功的階梯，從現在開始，你必須改變原有的交際觀念和交際方式，重建有效的人際網路，爲人生開拓新局面。

在徵求他人的意見與看法時，我們常常說「集思廣益」。「集思廣益」出自諸葛亮所寫的《教與軍師長史參軍掾屬》，這是他給同僚和部下的一封公開信。

諸葛亮在這篇短文中說，處理政事時，必須「集衆思」，使人人踴躍發表意見，才能「廣忠益」，使工作獲得更大、更好的效果。如果因爲怕得罪人或是爲了避免爭論，不肯提出與別人不同的看法和意見，就得不到最好的工作成果。因此，凡事應當經過反覆商討後，才能得出正確的結論。

即使聰明睿智如諸葛亮這般人物，尚得「集思廣益」，可見借助他人的智慧以彌補自己想不到、想不周全的地方，是擅於借人之力取得成功的重要手段。

四、五十年前，全世界的電風扇都是黑色的，顯得笨重又單調。那麼，電風扇是怎樣脫掉這古板的黑色「禮服」呢？其實，這是一名小員工的意見所致。

原來，那年全世界的黑色電風扇都處於滯銷局面。日本最大家電企業之一的東芝電器公司也陷入困境，十四個大倉庫中積壓了大量的電風扇及製造材料，根本無法處理。整個公司上至董事長石阪下到普通員工，人人為此煩惱不已。

就在大家一籌莫展時，一位叫三井的基層員工突然拜訪大老闆石阪，並進言說：「我認為隨著國民生活水準的提高，人們對商品的要求已開始逐步從實用趨向美觀。我們由於沒有認識和滿足消費者的需求，才造成電風扇滯銷。如果能在電風扇的色彩和樣式上改革一下，將黑色改成其他亮麗的顏色，樣式也改得美觀一些，我們公司的產品一定會大受歡迎。」

石阪聽完他一席話後茅塞頓開，不禁連連拍著三井的肩膀，讚不絕口地說：「好！好！你這辦法太好了！也許會是打開銷售僵局的最佳辦法。」

於是，第二年夏天，東芝電器公司便向市場推出經過改裝的水色電扇，民眾立即為那亮麗的色澤和美觀的形狀傾倒，數月間暢銷數十萬台，公司歷年積存的產品經改裝後全都銷售一空，新出廠的產品更是供不應求。

石阪還以此為契機，繼續推出各種顏色和造型的電扇，並將這種改革精神運用在其他電器產品上，這些改革也為公司創造鉅額的收入。

東芝公司的董事長石阪透過採納員工的意見，使公司擺脫困境。其實更重要的是，採用他人正確的意見，不僅能提高自己成功的機會，而且有利於和他人建立良好的人際關係。畢竟，有誰會對願意採納自己意見的人冷漠相待呢？

尤金·威爾遜是一名推銷員，他的工作是為一家專門替服裝設計師和紡織品製造商設計花樣的畫室推銷草圖。一連三年，威爾遜每個星期都去拜訪紐約一位著名的服裝設計師。

這位設計師雖然從來不拒絕接見威爾遜，但也從來不買他推銷的草圖。設計師總是很仔細地看著草圖，然後對威爾遜說：「不行，威爾遜先生，我想我們今天是談不攏了。」

經過一百五十次的失敗後，威爾遜終於明白自己的做法太墨守成規，要想讓這個設計師點頭，必須採用其他方式。

過了幾天，威爾遜想出另一個推銷辦法。他隨手抓起六張畫家們還未完成的設計草圖，來到那名設計師的辦公室。威爾遜說：「如果你願意，我希望你幫我一個小忙。這些是尚未完成的草圖，能否請你告訴我，我們應該如何完成這些草圖，才能符合你的想法呢？」

這位設計師默默看了那些草圖一會兒，然後說：「先把這些草圖留在我這裡幾天，然後再回來找我。」

三天後，威爾遜來到那名設計師的辦公室時，發現草圖上做了某些修改。

獲得那名設計師的建議後，他把草圖拿回畫室並按照他的意見完成草圖。結果，這批草圖後來全被那名設計師買下來了。

從那時候起，這位設計師開始訂購許多其他圖案，那些全是根據他的想法畫成的，威爾遜則從中賺取兩千多美元的傭金。

「我現在明白，這麼多年來為什麼我一直無法使對方買下草圖。」威爾遜說：「我以前只是催促他買下我認為他應該買的東西，但我現在的做法正好相反，我會徵求他的意見，鼓勵他將想法告訴我。他現在覺得那些圖案是他創造的，我現在不用向他推銷，他自動會買。」

從威爾遜的成功故事可知，吸收他人的意見不僅讓自己受益匪淺，而且這種做法意味著對對方的尊重和認可，自然會得到對方誠心的幫助。

但要注意的是，在人際交往中，有些人雖然表現得很謙虛，常常徵求他人的意見，但實際上追求的僅僅是「徵求意見」這種形式，對他人的意見大都不予採納。這種「表面接受，行動照舊」的態度，長久下來仍會對人際關係造成不良影響。

擁有個人魅力，求人幫助自會順利

個人魅力強的人，就如同閃耀的星星，身邊的人都願意圍繞在他周圍。當魅力強的人有困難時，人們常常不等他開口求助就自動幫助他。

在現代社會中，要想成功，必須建立自己的人脈網路，並利用借助他人的力量，也就是說要懂得借助「外力」。

但要注意的是，借助「外力」必須以本人的「內力」爲前提，而所謂「內力」，即是建立在獨立人格基礎之上的個人魅力。

人格的獨立性之所以重要，有三大原因。

第一是因爲他人可以在你前進的道路上給予扶持，但這條路卻必須靠自己腳踏實地走下去。

第二，擁有獨立人格的人，才可能贏得他人的幫助，因爲只知依賴他人的人終究會成爲旁人的累贅。

第三，獨立性強的人，即使無法再得到他人的幫助，也不會因無所憑依就遭受重大失敗。

總而言之，一個人想取得成功，就不能時時刻刻總想著依靠別人。

許多成功人士為了培養自己後代有獨立的人格，從小就讓子女接受不依賴他人的教育。華人首富李嘉誠就深知，要想使子女們將來同樣取得成功，就必須從小培養他們的獨立性。

有一次，剛學會走路的二兒子李澤楷不小心被一塊石頭絆倒，立刻嚎啕大哭，還邊哭邊望著大人，希望旁人哄他、拉他。

此時，李嘉誠不僅自己不去拉孩子，還阻止其他人安慰孩子。李嘉誠想以此讓孩子懂得，凡事都要靠自己努力。

等到李澤鉅和李澤楷都從美國史丹佛大學以優異的成績畢業，想在父親公司施展才華時，李嘉誠卻說：「我的公司不需要你們！」

兄弟倆不解地說：「爸爸，別開玩笑了，你有那麼多間公司，為什麼無法替我們安排一份工作呢？」

李嘉誠說：「別說我只有兩個兒子，就是有二十個兒子我也能幫他們安排工作。但是，我想還是由你們先努力，讓事實證明你們是否適合到我公司任職。」

結果，李嘉誠的一番苦心沒有白費，兩個兒子後來都成長為新一代的商業精英。

經營人脈也是相同的道理，儘管請求別人幫助有許多種方法，但最關鍵的因素還是個人魅力。

個人魅力強的人，就如同閃耀的星星，身邊的人都願意圍繞在他周圍。當魅力強的人有困難時，人們常常不等他開口求助就自動幫助他。

那麼，怎樣才是有魅力的人呢？

也許不同人有不同的看法。但從人際關係的角度來看，拿破崙．希爾說得好：「人人都喜歡和有魅力的人交朋友，因為和有魅力的人相處總是非常愉快。他好像雨天裡的太陽，能驅除陰霾。一個人能否成功，與他的個人魅力有密切關係，良好的個人魅力是一種神奇的天賦，就連最冷酷無情的人都能受到他的感染，樂於為他驅使。」

總而言之，個人魅力是營造良好人際關係的基礎，是令「人人都喜歡和他交朋友」、「人人都樂於爲他做事」的重要保障。擁有良好個人魅力的人，進行人脈管理之時將會如虎添翼、事半功倍。

考量對方利益，建立良好關係

要借助他人之力獲取成功，就要使雙方合作達到雙贏的局面，就要懂得站在對方的角度為他著想。唯有如此，彼此才能常保互惠互利的良好關係。

在借用他人之力使自己獲得成功的過程中，如何達到雙贏局面，如何使對方從被動的「被借助」到主動的「幫助」，是一個很關鍵的問題。

解決這個關鍵問題的方法，就是要站在對方的角度思考問題，替對方想「我爲什麼要幫你」的理由，而且這個理由要盡可能與對方的自身利益密切相關。

換句話說，就是告訴對方：「你幫我會爲你帶來利益，你拒絕則是你的損失。」

例如，日本新力公司在打開美國市場時，就深諳這個道理。

二十世紀七〇年代中期，在美國，新力公司生產的電器還是名不見經傳、無人問津的「雜牌貨」。當卯木肇風塵僕僕地抵達美國芝加哥，擔任新力公司的國外部部長時，新力生產的彩色電視機在當地根本無人購買。

在日本國內暢銷的優質產品為什麼一到美國就落得滯銷的下場呢？卯木肇日日夜夜都在思考這一問題。

新力公司前任國外部部長為了提高產品的銷售量，曾多次在芝加哥市的各大報紙刊登廣告，並且減價銷售新力彩色電視機。然而，這種一再削價的做法不但沒有提升產品銷量，還產生反效果，使新力產品在美國人心目中的形象變得廉價，更加乏人問津。

面對如此難堪的局面，卯木肇苦苦思索，但一直找不出好辦法。

一天，他偶然經過一處牧場。當時夕陽西下，一位稚氣的牧童牽著一條健壯的大公牛進入牛欄，公牛的脖子上繫著一個鈴鐺，叮噹叮噹地響著，一大群牛就跟在這頭公牛後面，溫馴地魚貫而入。卯木肇看著看著，忽然大叫一聲：「有了！」

原來他靈感突發，悟出一種推銷彩色電視機的辦法。他想，一個小牧童可以馴服一大群強壯的公牛，是因為牧童牽著一隻「帶頭牛」的緣故。那麼，如果新力彩色電視機能夠找到一家「帶頭牛」商店率先銷售產品，產生示範效應，不就能打開美國市場嗎？

經過研究，卯木肇選定當地最大的電器銷售商「馬希利爾公司」為主攻對象。第二天上班時，他興沖沖地趕到馬希利爾公司拜訪公司經理，但是，名片經秘書遞進去後很久才退回來，回答是「經理不在」。

卯木肇心想：「才剛上班，經理肯定在辦公室裡。也許是他太忙，不願見我，明天再來吧！」

第二天，卯木再次拜訪公司經理，但仍未見到人。

直到第四次拜訪馬希利爾公司時，卯木肇才見到經理。

「我們不賣新力公司的產品。」未等卯木肇開口，經理就開門見山地抱怨道：「新力公司的產品不斷降價拍賣，搞得像一顆漏了氣的皮球，踢來踢去沒人要。」

為了事業，卯木肇忍氣吞聲，仍堆著笑臉，大力承諾不再辦降價銷售活動，並立即著手改變商品形象。回到公司後，卯木肇立即從所有寄賣商店取回新力彩色電視機，取消降價銷售活動，並在當地報紙上重新刊登廣告，重塑商品形象。

不久，卯木肇帶著刊登新廣告的報紙，再次拜訪馬希利爾公司經理。但這次，那名經理卻以「新力公司的售後服務太差」為由，拒絕銷售。

卯木肇二話不說，回公司後立即設置新力彩色電視機的特約維修部，負責產品的售後服務工作，並再次刊登廣告，公佈特約維修部的地址與電話號碼，向消費者保證新力公司的維修員能夠隨叫隨到。

誰知，卯木肇第三次拜訪馬希利爾公司經理時，經理卻再度以「新力公司的知名度不夠，不受消費者歡迎」為由，拒絕銷售新力的彩色電視機。

雖然仍舊遭到拒絕，但卯木肇沒有灰心，反而充滿信心。他回辦公室後，立即召集三十多位工作人員，規定每人每天得撥五通電話向馬希利爾公司尋購新力彩色電視機。接連不斷的詢問電話，搞得馬希利爾公司的職員暈頭轉向，竟誤將新力彩色電視機列入「待交貨名單」。

卯木肇再一次見到馬希利爾的經理時，經理相當生氣：「你搞什麼鬼？竟然製造輿論，干擾我們公司正常運作！」

卯木肇的態度依舊從容不迫，待對方冷靜一點之後，他開始大談新力彩色電視機的優點，並誠懇地說：「我三番兩次拜訪您，一方面是為了本公司的利益，但同時也考慮到貴公司的利益。我認為，在日本暢銷的新力彩色電視機，一定會成為馬希利爾公司的搖錢樹！」

馬希利爾公司經理聽了這番話以後，又找了一個拒絕販售的理由：「販售新力公司的產品利潤太少，比其他彩色電視機少了百分之二。」

這時，卯木肇不急於提高售價，反而巧妙地說：「提高百分之二的售價，更會使商品賣不出去，貴公司的獲利也不會增多。新力公司的商品售價雖然不高，但品質優良，銷售速度快，這樣貴公司不是會獲得更多利益嗎？」

卯木肇每一次發言都站在馬希利爾經理的立場，處處為馬希利爾公司的利益著想。他的建議合情合理，而且態度誠懇，終於使這位經理動心，勉強同意販售兩台彩色電視機。但馬希利爾經理開出的條件十分苛刻，如果一週之內那兩台彩色電視機賣不出，就不再販售新力的商品。

卯木肇滿懷信心，回公司後立即選派兩名能幹的推銷員送兩台彩色電視機去馬希利爾公司，並告訴他們：「這兩台彩色電視機是百萬美元訂單的開始，你們送貨完後要留在櫃檯，與馬希利爾公司的店員共同推銷。」

卯木肇還要求他們與店員打好關係，休息時輪流請店員到附近的咖啡廳喝咖啡，並且說：「如果一週內這兩台彩色電視機賣不出去，你們就不要回公司了！」

結果，當天下午四點，兩位年輕人就回來報告說：「兩台彩色電視機已售出，馬希利爾公司又訂了兩台。」

卯木肇當然非常高興。

至此，新力彩色電視機終於擠進芝加哥市「帶頭牛」商店。當時正值十二月初，是美國家用電器的銷售旺季，經過一個耶誕節，新力彩色電視機竟在一個月內賣出七百多台，使馬希利爾公司大獲利市。

這種優異的銷售成績，讓馬希利爾的經理對新力公司刮目相看，親自登門拜訪卯木肇，並決定把新力的彩色電視機列為該公司下半年度的主銷產品，聯袂在芝加哥各大報刊登巨幅廣告，以提高商品的知名度。

有馬希利爾公司這條「帶頭牛」開路，芝加哥地區一百多家商店隨之紛紛請求販售新力的彩色電視機，不到三年的時間裡，新力彩色電視機在芝加哥的市場佔有率迅速提高，也迅速打入美國其他城市的家用電器市場。

新力需要銷售產品打開市場，馬希利爾公司也需要銷售產品好獲取利益，他們的根本利益是相同的，存在互相合作的基礎。但是分歧在於，馬希利爾公司可以選擇其他品牌而不是新力，這正是卯木肇需要請對方經理幫忙的地方。

卯木肇始終站在對方的角度替對方著想，終於讓對方意識到新力產品能夠爲自己帶來更多利益，這才促成馬希利爾公司甘成爲「帶頭牛」。

要借助他人之力獲取成功，就要使雙方合作達到雙贏局面；要使雙方合作達到雙贏的局面，就要懂得站在對方的角度爲他著想。唯有如此，彼此才能合作愉快，常保互惠互利的良好關係。

想投資人才，先把目標說出來

當你立定了明確的志向，同時不斷地朝著方向前進，有志一同的人，便會與你併肩同行，通往成功的路途就近了許多。

沒有人能夠孤獨地活著，人與人之間存在互助的關係，必須互相幫助、互補有無，關係才能長久和諧地延續下去。

美國歷史上最負盛名也最成功的鋼鐵大王卡內基成功的秘訣就在於，他不只懂得經營事，更懂得經營人。

他曾說過：「要首先引起別人的渴望。凡是能這麼做的人，世人必與他在一起，這種人永不寂寞。」又說：「天底下只有一個方法能影響人，就是提到他們的需要，並且讓他們知道怎麼去獲得。」

想要從別人身上得到些什麼，一味的強求逼迫是沒用的，如果能夠換個方式用心灌溉施肥，等候時機到了，自然瓜熟蒂落，坐享甘甜果實。

灌溉施肥的方法千百種，好比賢明的君主想要得到良相輔佐，就得懂得運用方法。方法用得好，人才自然來歸。

關於這一點，中國古代有個「千金買骨」的故事，是頗爲有效的方法，大家不妨可以參考一下。

從前，有個嗜好賞馬的國君，想用千兩黃金重價徵求千里馬，誰知道，經過了三年，仍無一點收穫。

這時，宮裡一個職位低下的小侍臣，竟然自告奮勇地站出來，對國君說：「請您把這個差事交給我吧！」

國君點頭同意。不到三個月，這個小侍臣果然找到了一匹日行千里的良馬，可是當他要買馬時，這匹千里馬卻死了。

他思慮了一會兒，仍然花費五百兩黃金，將死馬的屍骨買了回來。他帶著千里馬的屍骨回宮向國君覆命時，國君見是馬的屍骨，非常生氣，怒斥道：「我要的是活馬，你買這死馬回來有什麼用？不是白費了五百兩黃金嗎？」

侍臣沒有露出恐懼的表情，反而笑道：「請國君息怒，錢不會白費的。一匹死馬您都願意昂價買了，這消息傳開，人們都會相信您是真心實意喜愛良馬的國君，而且識貨，說話算話。這樣，一定有人自己上門獻馬。」

不出一年，國君果真得到了三匹別人主動獻來的千里馬。

春秋末年，地處邊陲的燕國崛起，當時燕昭王為了延攬人才頗為煩惱，本意欲以重金四處尋訪有志之士，卻似乎沒有好的管道，不知良士該往何處尋，於是他特地詢問身邊謀臣郭隗的意見。

郭隗聽了，便說了這則「千金市骨」的故事，建議燕昭王可以由他開始，他認為天下人才看到連他郭隗這等資才都能受到賞識和重用，必然自動來歸，根本無需四處尋訪。

燕照王聽了決定從善如流，果然，消息放出去之後，四方文武專才紛紛前來投奔，燕國的勢力也更加茁壯強大了。

美國詩人朗費羅說：「我們是以感覺自己有能力做些什麼事判斷自己；而別人卻以我們已經做成了些什麼事來判斷我們。」

別人對我們的認識一定是由外而內，他們首先觀察的會是我們的外在表現，直到有機會接觸時才會重視我們的內在想法。

如果我們希望得到別人的了解，那麼就該先將自己的想法，充分地表露在實際行動上。將自己的想法和意願表達出來，能夠讓人明白我們的善意和誠意，這樣的話，對方只要有共識，就必定會投桃報李。

有人這麼說，想要達成目標的方法，就是告訴大家自己的目標，那麼，時間久了自然會有人爲你讓出一條路來。

也就是說，當你立定了明確的志向，同時不斷地朝著方向前進，有志一同的人，便會與你並肩同行。如果你能以誠相待，那麼也許就能得到額外的力量，通往成功的路途就近了許多。

燕昭王願意禮遇有德有能之士，所以他以重用郭隗的方式，告知天下能人志士，果然達成了他的目標。

買馬骨是一個投資良才的手段，讓人明白自己的決心和誠意，即便是花了千金買回無用的馬骨，若能因此覓得良駒，也算值得。

運用別人的長處來彌補自己的不足

善用眾人的力量，運用別人的長處來彌補自己的不足，從多個面向思考，將問題防範得滴水不漏，事情成功的機會自然大多了。

世界知名的文學作家海明威說過一句名言：「人不能孤獨地活著。」

古希臘哲人德謨克利特也曾引用過這樣的句子：「只有團結一致，才能把偉大的事業和戰爭引導到好結果，否則就不能。」

類似這樣的話語，在在說明了團結的重要性。

人和人如果不能團結在一起，就無法成就事業。一個成功者的背後，必定曾有許多人共同付出心力，想要成功，難免要借人之力，乘人之勢。

想要得到別人的幫助不難，難的是要開放自己的心胸去接納別人的意見。忠言逆耳、良藥苦口，如果自己先入爲主的觀念太深，又聽不見別人的建議，恐怕就算是如臨深淵也難以懸崖勒馬吧！

詩人愛默生曾在著作中這麼說：「你信任人，人才對你忠實。以偉大的風度待人，人才表現出偉大的風度。」

項羽就是個性過於猜疑，不能充分信任自己的手下，爲人處事又過於剛愎，以致於最後衆叛親離，平白將到手的江山送給了劉邦。

西漢文學家揚雄曾經就楚漢相爭一事，寫下中肯的評論。

原本，項羽兵多將廣，又成功逼迫秦二世胡亥退位，照理說應有天子之相，但為什麼到了最後卻是平民起兵的劉邦得到天下呢？

據說，項羽在楚漢戰爭之中吃了敗仗，最後被劉邦的軍隊重重包圍起來，雖然憑著一股氣勢殺出重圍，但是逃到烏江邊時，身邊只剩下二十八名騎兵而已，後頭緊追而來的漢軍卻有千軍萬馬。

項羽自認已經走到窮途末路，於是仰天狂嘯：「這是老天爺要亡我！」而後便拔出寶劍在烏江畔刎頸自盡。

揚雄在《法言》一書中卻認為，項羽之所以敗亡，其實並非天命所為，而是緣由於他自己剛愎自用的性格。揚雄評論說：「漢王劉邦經常廣納建言，大家所提出來的計策又增強了眾人的力量。然而項羽卻總是固執己見，並不接納別人的建議，單靠自己的勇猛行事。凡是善於採納別人的計策就能勝利，只靠自己勇猛之力的就會失敗，這是必然的結局，又和天命有什麼關係？」

楚漢相爭，劉邦為何成功？項羽為何失敗？

其實成事在人，非關天命。揚雄以為，團結才是力量，劉邦的兵將能夠上下一心，眾志成城，加上劉邦對於下臣的謀略建議，總是廣納建言，從善如流；反觀項羽則霸氣十足，固執己見，可惜勇猛有餘、智謀不足，最後出現了疏漏，便給了他人可趁之機，也就失去了即將到手的江山。

有一句話：「單調難成曲，群柱可擎天。」

參與的人多、意見多，代表著每個人的意見想法都是由不同的角度出發，觀察到的也是不同的面向。如果能夠以寬闊的胸懷，將多方的意見加以彙整，找出一個最佳的解決方案，事情處理就能更加圓融周延。只要周全思考、冷靜處置，事情就不致於會陷入泥淖之中，感覺欲振乏力。

以前有一部卡通電影，劇中主角是一隻螞蟻，當蟻群陷入了慘遭水淹的危機時，在主角的指揮之下，一隻隻的小螞蟻疊成一座高高的塔，最後成功抵達上方洞口的那隻螞蟻再一隻隻將仍在洞內的螞蟻拉起，所有的螞蟻都得救了。

螞蟻的身軀何其渺小，就算一隻螞蟻可以舉起超過自身體重十數倍的重物，也救不了全部的螞蟻。可是，一隻螞蟻至少拉得起一隻螞蟻吧，兩隻螞蟻總能再拉起另外兩隻螞蟻吧，一隻拉著一隻，雖然每個個體只貢獻了自己的一點點力量，但最後卻結合成了一股巨大的能量，拯救了整個螞蟻王國。

善用眾人的力量，運用別人的長處來彌補自己的不足，彼此站在一起，牽手相靠，從多個面向思考，將問題防範得滴水不漏，事情成功的機會自然大多了。所謂眾志成城，群策群力說的就是如此的道理。

摒棄成見，才能利用別人的優點

成功者要有容人忍人的氣度，摒棄自我的偏見，在敵人身上找尋對自己有利的特點，然後充分利用，就能將自己推上成功之巔。

你討厭你的敵人嗎？

這個問題乍聽之下很好笑，當然討厭！既然是敵人怎麼可能會喜歡呢？

可是，你可曾想過為什麼一定要討厭敵人？這些敵人究竟是怎麼來的？為什麼耶穌和佛陀要求我們要「愛我們的敵人」，進行起來那麼困難？如果我們沒有將對方視為敵人，那麼對方還能算得上是敵人嗎？

或許，敵人可解釋為競爭對手，他們和我們爭奪相同的利益，而且可能造成我們某種程度的損失，所以我們必須將他們視為敵對，徹底地討厭他們，彷彿如此才能保持足夠的競爭力。因爲好像只要緊守著那一份不認輸的感覺，就像有了一種無形的支撐力，支撐著我們持續下去。

然而，這些被我們視爲敵人的人，眞的一無可取嗎？

換個時間立場，我們還會這麼想嗎？

西元二五年，劉秀在洛陽建立了東漢王朝，史稱漢光武帝。但是，這時天下尚未統一，曾經在王莽當權時擔任蜀郡太守的公孫述，仍據有益州之地，在成都稱帝，而擁有天水、武都、金城等郡的隗囂，則自稱為西川大將軍。兩人在利益上發生了衝突，雙方爭鬥不休。

想要一統天下的劉秀，心知要一次對付兩個敵人並不容易，於是決定利用公孫述和隗囂的矛盾關係來達成自己的目的。

為了阻止盤踞四川的公孫述勢力繼續向外擴展，劉秀決定先拉攏隗囂，給隗囂寫了一封措詞委婉的書信，希望他能夠憑藉自己的兵力，堵擊公孫述的進犯。

劉秀在信中說道：「我現在忙於在東方作戰，大部隊都集中在那裡，西方兵力不免薄弱。如果公孫述出兵到漢中並企圖進犯長安的話，我希望能夠借助將軍的戰鼓和軍旗，使雙方勢均力敵。」

隗囂評估了時勢之後，覺得和劉秀合作對自己比較有利，於是便派員輸誠，表示有意稱臣。劉秀遂封隗囂為西川大將軍，領兵打退了從長安往西發展的赤眉起義軍。當時，有人跟公孫述勾結，出兵襲擾陝西中部一帶，準備進攻長安，隗囂也率兵配合劉秀的軍隊，阻止了這場戰爭。

因此，隗囂得到了劉秀的信任和尊重，成為東漢光武中興的一員大臣。

有一句話是這麼說的：「沒有絕對的朋友與敵人。」

劉秀得以一統天下，就是在於他能不念舊仇、禮賢下士，只要是有用的能人，有適合的位置得以安排，他都能知人善任，並不會因爲自己的私怨而壞了大事，一切以大局爲重。他很明白自己主要的戰力多集中在關東，倘若佔據益州的公孫述圖謀不軌，危害到長安，自己的主力軍隊必定救援不及，因此急著想籠絡四川的隗囂爲其守護西境。

同在四川的隗囂與公孫述二人齟齬不和，勢如水火，早已是衆人皆知的事實，加上隗囂前來輸誠，願為東漢王朝效力，於是劉秀便趁機使其互相牽制，以補強自己西方兵力不足的缺點。

劉秀、公孫述、隗囂三人本是利益衝突的敵人，三方或許勢均力敵，一對一來比，可能誰也贏不了誰，但是二對一的勝面自然就大得多了。

刀子是利器，使用不當可能會受傷，但是抓對了刀柄，使用得當則既能傷人也能自衛。敵人又何嘗不是如此？能夠善用權謀，減少一個敵人，增加一個幫手，不也是一項成功的途徑嗎？

在對的地方用對的人，這是「知人善用」的核心價值，成功者要有容人忍人的氣度，摒棄自我的偏見，在敵人身上找尋對自己有利的特點，然後充分利用，就能將自己推上成功之巔。

彼此尊重就是最好的互動

地位越崇高的人，意見更容易受到更多人的檢驗；反對的人越多，就越能看出一個人的氣度是否寬宏。

心理學家亨利．詹姆斯說過一句話：「與人來往，不能忘記的一件事情就是：對方有其生活方式，所以我們不能去干擾對方的生活圈子。」

如果我們能夠信守這句話，那麼世界上或許就能少去不少的紛爭了。因爲，這個世界上大部分的糾紛，都出自於我們老是想改變別人，卻不怎麼想改變自己，彼此互不相讓的結果，就是正面衝突。

其實，彼此尊重就是最好的互動，有時候爲他人留餘地，就是爲自己留餘地；給別人留面子，自己也會有面子。

春秋時代，晏嬰是齊國的大夫，他的父親死後，由他繼任齊國的卿相，歷任靈公、莊公、景公三朝的相國。

晏嬰為人正直，當官清廉，生活非常儉樸，因此上至君主，下至百姓，都對他很尊敬。

一天，晏嬰正準備吃午飯，齊景公派了一個人來見他，晏嬰並沒有因為對方是君王派來的而特殊款待，只是當場把自己的飯菜分成兩份，請來人一起共進午餐。當然，這頓飯兩個人其實都沒有吃飽。

景公知道這件事後，感歎地說：「堂堂一個相國，家裡竟然如此貧困，而我竟然一直不知道。這是我的過錯！」

說罷，景公命人向晏嬰送去千金，供他接待賓客之用。

不料，晏嬰不但不願接受，還叫來人帶回。

景公以為是自己的意思沒說清楚，於是命人再送去，但是晏嬰仍然不肯收下。

當景公命人第三次送來時，晏嬰對來人說：「請稟報大王，我並不貧困。大王給我的俸祿，不僅足夠我供養家人、接待賓客，還可以用來接濟窮苦百姓。所以，我不能再接受大王額外的賞賜了！」

負責送金的人其實也感到非常為難，一方是主公，而一方是相國，得罪了誰都沒有好處。於是，他對晏嬰說：「相國，我是奉命辦這件事的。您這次又不願接受，教我如何去回報大王呢？」

晏嬰想了想，說：「既然如此，我和你一起進宮，讓我當面向大王辭謝。」

晏嬰見了景公，感謝他對自己的厚愛，表示作為一個臣子，能吃飽穿暖就可以了，不能有過多的財富，請求他不要勉強他接受額外的賞賜。景公聽了這番話，對晏嬰更敬重了，但還是要把千金賜給他。

景公說：「齊國以前的賢相管仲，為齊桓公成為當時各諸侯國第一個盟主立了大功。桓公賞給他許多封地，管仲沒有推辭就接受了。你晏嬰為什麼要推辭呢？」

晏嬰說：「我聽到過這樣的說法：『聖人千慮必有一失，愚人千慮必有一得。』也許管仲考慮這件事上有所失誤，而我雖然笨，這件事卻應該處理得正確。」

景公見他心意如此堅決，最後只好作罷，但是對晏嬰的氣節也更加敬重了。

一定有很多人認爲，晏嬰實在太不給齊景公面子了，特地派人送禮來，居然還百般推辭。但是，晏嬰卻明白這樣的饋贈其實是不必要的，國家的財富都是取之於民，不應該爲了私自的享受而隨意浪費公帑。

他堅持婉謝，是因爲他覺得知足常樂，貪心無益。

晏子怎麼也不肯接受齊景公的饋贈，齊景公當然對於他如此做法頗不以爲然，甚至以管仲爲例，認爲就連管仲如此賢相都不避諱君王的饋贈，不免暗怪晏嬰過於堅持。但晏子卻以爲，無功受祿原本就是不正確的事，不過他無意質疑管仲的人品，反倒是以「聖人千慮，必有一失」的可能性來一語帶過，是指思慮再高明周全的人也難免會有所疏失，而愚者如果多方用心，也會偶有所得。

其實，晏嬰的能力並不見得低於管仲，但他卻比管仲更多了一分謹慎，一分謙遜，這番道理說得景公無言可對，只得順了他的心意。

富蘭克林認爲，想要建立和諧的人際關係，首先就是尊重對方。他說：「假如對方說了不中聽的話，你也不要討厭他。倒不如用積極的方法儘量轉移話題。同時一方面要尊重對方的意見，如此，對方也會尊重你的意見。」

本來每個人就是不同的個體，不一定都能夠有相同的想法和看法，面對和自己想法歧異的人，若是仍能保有一定的尊重態度，對方縱使再沒風度也不好發作，免除了衝突的危機，就不至於輕易地破壞了彼此間的和諧。

地位越崇高的人，他的意見更容易受到更多人的檢驗；反對的人越多，就越能看出一個人的氣度是否寬宏。

大文豪蕭伯納曾說：「一個人不論有多大成就，他對任何人都應該平等相待，要永遠謙遜啊！」

晏嬰就是這樣一名謙遜的賢者，既護衛了自己的堅持，也表明了對齊景公和管仲各自生活態度的尊重；不為了保護自己而傷害他人，這才是眞正的賢明氣度。

用正確的方式回報別人的幫助

「知恩圖報」是美好的德性，卻不該是生命難以承受的包袱，並不是一定要有怎麼樣的回饋模式才算是正確的回報。

蘇聯作家法捷耶夫說過這麼一段話：「當一個人能遇到一個在諾言、信念、勇敢、忠誠等方面都是始終不渝的朋友，他的內心是會充溢著多麼使人歡欣鼓舞的喜悅、多麼難以言喻的由衷感激和多麼難以抑制的澎湃力量啊！因為你在世界上已經不是孤獨的，在你身旁還有一個人的心在跳動！」

羅曼．羅蘭也說：「友誼的快樂與考驗，使孤獨的心和全人類有了溝通。」

或許就是那種兩心相知的感受，讓人肯爲了朋友兩肋插刀也在所不惜。

明朝文人朱國禎在傳家札記《湧幢小品》中寫道：「人有恩於我，自當心，傳之世世，不可忘報。」提醒我們要有重信重義的觀念，特別是對朋友的知遇之恩，更應永存於心，不可或忘。

刺客豫讓的故事，正是這個觀念最眞實的寫照。

春秋末期，晉國朝政大權旁落到少數大夫手裡，這些大夫又彼此爭鬥不休。後來，大夫趙襄子聯合韓魏兩家殺了大夫智伯，更瓜分掉他的封地，滅了他的宗族。

當時，智伯有個十分信任的心腹家將名叫豫讓，感念智伯的知遇之恩，發誓一定要誅殺趙襄子為智伯報仇。

為了報仇，豫讓改名換姓，裝扮成囚徒的模樣，身上暗藏了匕首便悄悄潛入趙襄子的家中準備行刺。

可是，趙襄子很機警，一發現家裡好像有異狀，便下令家臣大肆搜查，果然一下子就發現豫讓的行跡。

家臣手下們立即將豫讓綁縛到趙襄子面前。趙襄子大喝：「你到底是什麼人，竟敢身藏匕首意圖行刺？」

豫讓無懼無怕，只是憤憤地說：「我是智伯的家將，今天就是要殺了你這狗賊為我的主人報仇！」

趙襄子的手下二話不說就要拔劍殺了這名刺客，但是趙襄子伸手阻止，反而要手下將緊縛豫讓的繩索解開。趙襄子說：「智伯已經沒有後代，豫讓竟然願意不顧性命地替他報仇，實在是一名難得的義士，這樣的人不能殺，放了他吧！豫讓，我若放了你，你是否就能盡釋前仇，改效忠於我？」

豫讓絲毫不為所動，回答說：「今天你放了我，是你給我的恩德，但是我還是會為我的主人智伯報仇，那是我的大義！」

趙襄子感佩豫讓是個忠義之士，還是下令放了他。

重新得回自由的豫讓，卻仍舊整天只想著要如何報仇，他知道這一次行刺不成之後，趙襄子一定有了警戒，想再偷偷潛進他府裡並不是容易的事。幾番思索之後，他決定徹底變換自己的容貌，好讓趙襄子的手下認不出來。

於是，他剃去鬍鬚和眉毛，又在頭、臉、身上塗漆，讓皮膚潰爛長滿疥瘡，假扮成乞丐在市場裡乞討。

豫讓的妻子為了尋找失蹤多日的丈夫匆匆而來，忽然聽見了乞討的聲音很像是豫讓，但追上前一看卻又認不出來，以為自己錯認了，只好黯然離去。

妻子的反應讓豫讓明白，自己的容貌已經完全改變到讓人認不出來，但是聲音仍是可能導致行跡敗露的致命傷。結果，他二話不說就吞下一塊燒紅的木炭，燒傷喉嚨使得聲音變得瘖啞，即便是他的妻子也認不出來。

豫讓四處打探，終於得知趙襄子每天的必經之路——赤橋。他躲在橋下埋伏準備伺機再度行刺，豈料趙襄子早已有萬全準備，豫讓的行動再次失敗了。

即使容貌和聲音已變得大不相同，最後趙襄子還是認出他來，憤而大罵：「可惡的豫讓，上次我寬宏大量放了你，豈料你今天又來行刺，這次我不可再輕饒。來人，把他拉下去斬了！」

豫讓聽了趙襄子的命令竟大哭了起來，而且哭得極為激動，連眼睛都流出血來。

趙襄子的手下鄙夷地看著他說：「哭什麼？難道你是貪生怕死之輩？怕死的話你就不該來行刺。」

豫讓回答說：「我並不是貪生怕死，只是哀傷一旦我死了，就再也沒人可以替智伯報仇了！」

趙襄子聽了，覺得非常感動，於是嘆了口氣，解下自己的佩劍對豫讓說：「你實在是個忠義之人，可惜你心如鐵石，我不能再赦免你，這樣吧，我不斬你，你就自盡吧！」

豫讓接過佩劍，雙手作揖向趙襄子請求：「我接連兩次行次都沒有成功，是我運氣不好，技不如人，但是我心中的憤恨之情無法宣洩，實在鬱悶難當。如果大夫能夠脫下外袍讓我砍上幾劍，聊表我為主人報仇的情意，那我死也瞑目了。」

趙襄子實在欣賞豫讓的志節和勇氣，當下便脫了錦袍交給豫讓。豫讓將錦袍放在地上，猛砍了三劍，對天長嘯：「智伯，我到九泉之下來見您了！」說完便揮劍自殺。

現代人一定很難想像，爲什麼豫讓會爲了一個只不過提攜自己做個小小家臣的智伯，願意幾番不顧生死要刺殺趙襄子？甚至塗漆吞炭改變自己的容貌聲音，也在所不惜；試想，那該要忍受多大的痛苦？

有人說，智伯並非眞的那麼好，在歷史上的評論，趙襄子的功績或許還勝過他幾分，豫讓實在不必爲了他而犧牲自己的性命。但是，對豫讓來說，智伯的是非功過和他並沒有切身的關係，什麼是眞正的好，只有他自己知道；或許有人會笑他癡愚，但是他卻認爲知遇之恩不可不報。

豫讓傻不傻，其實見仁見智，因爲他的決定來自於他自己的信念。但這樣重情重義的個性，卻感動了司馬遷，在《刺客列傳》裡記上了血淚激昂的一筆。

「知恩圖報」是美好的德性，卻不該是生命難以承受的包袱，並不是一定要有怎麼樣的回饋模式才算是正確的回報。

英國作家米爾頓說得最好，他在《失樂園》裡面下過一段這樣的註解：「只要心存感激，就是受恩再多也不算虧欠，可說是隨時結算，隨時還清。」

沒錯，有恩當報自然不可或忘，但是最重要的還是態度，有心感恩，報答就不只是形式而已，也才能提供對方最需要的幫助。

The Art of War

Thick Black Theory is a philosophical treatise written by Li Zongwu, a disgruntled politician and scholar born at the end of Qing dynasty. It was published in China in 1911, the year of the Xinhai revolution, when the Qing dynasty was overthrown.

商戰奇謀妙計 II

The Art of War

孫子兵法

活用兵法智慧, 才能為自己創造更多機會

三十六計

《孫子兵法》說:

「善戰者立於不敗之地,
而不失敵之敗也。是故勝兵先勝, 而後求戰;
敗兵先戰, 而後求勝。」

確實如此，善於心理作戰的聰明人，都不會錯過打敗敵人的良機，
也不會坐待敵人自行潰敗。
不管任何形式的競爭都必須具備一定的競爭謀略，
從不斷變化的情勢看準有利的機會迅速出手，為自己牟取最大的利益。

唯有靈活運用智慧，才能為自己創造更多機會，想在各種戰場上克敵制勝，
《孫子兵法》與《三十六計》絕對是你必須熟讀的人生智慧寶典。

Thick Black Theory is a philosophical treatise written by Li Zongwu, a disgruntled politician and scholar born at the end of Qing dynasty. It was published in China in 1911, the year of the Xinhai revolution, when the Qing dynasty was overthrown.

羅策 編著

Be Human
by Wisdom

Thick Black Theory is a philosophical treatise written by Li Zongwu, a disgruntled politician and scholar born at the end of Qing dynasty. It was published in China in 1911, the year of the Xinhai revolution, when the Qing dynasty was overthrown.

做人要藏心

你必須知道的人性叢林生存法則

做事要留心

人性本詐篇

德國哲學家康德曾說：

「舉凡愈卑鄙的人，愈會成為演員，往往佯裝對他人尊敬、友善、謙虛與無私的樣子。」

在險惡的人性戰場上，我們的身邊充斥著坑人害人的小人，並非所有的眞話都可以毫無保留地說出，並非所有的計劃都可以讓對方知道。

如果你不懂得隱藏自己的心思，留心自己正在推動之事，那麼永遠都只會是人性戰場中的輸家，被小人玩弄於股掌之中。

我們所遭遇的人，可能誠實正直，但也可能陰險狡詐，就算摸清對方的性格與心理特質，也必須有所防範，才不會衍生料想不到的風險。

Thick Black Theory is a philosophical treatise written by Li Zongwu, a disgruntled politician and scholar born at the end of Qing dynasty. It was published in China in 1911, the year of the Xinhai revolution, when the Qing dynasty was overthrown.

王 渡 編著

活學活用人性厚黑學：人際應用篇

作　　者　公孫先生
社　　長　陳維都
藝術總監　黃聖文
編輯總監　王　凌
出 版 者　普天出版家族有限公司
新北市汐止區忠二街 6 巷 15 號
TEL / (02) 26435033 (代表號)
FAX / (02) 26486465
E-mail：asia.books@msa.hinet.net
http://www.popu.com.tw/
郵政劃撥 19091443 陳維都帳戶
總 經 銷　旭昇圖書有限公司
新北市中和區中山路二段 352 號 2F
TEL / (02) 22451480 (代表號)
FAX / (02) 22451479
E-mail：s1686688@ms31.hinet.net
法律顧問　西華律師事務所・黃憲男律師
電腦排版　巨新電腦排版有限公司
印製裝訂　久裕印刷事業有限公司
出 版 日　2021 (民 110) 年 3 月第 1 版
ISBN◉978-986-389-766-8　　條碼 9789863897668

國家圖書館出版品預行編目資料

活學活用人性厚黑學：人際應用篇／
公孫先生著.—第 1 版.—：新北市,普天出版
民 110.3 面；公分. - (智謀經典；40)
ISBN◉978-986-389-766-8(平裝)

智謀經典
40

普天之下・盡是好書

普天出版家族
Popular Press Family

凌雲文創
A-Plus Creative Company